# Aconteceu no Brasil - Crônicas de um Pesquisador Norte - Americano no Brasil II

Mark J. Curran

**Trafford** PUBLISHING® www.trafford.com
**North America & international**
toll-free: 1 888 232 4444 (USA & Canada)
fax: 812 355 4082

*Mais um Livro na Série "Estórias que Contei aos Estudantes"*

# SUMÁRIO

# LISTA DE IMAGENS

# PREFÁCIO

Este livro é a continuação da narração da vida vivida no Brasil. Segue o espírito de um volume de uns anos atrás, "Peripécias de um Pesquisador 'Gringo' nos Brasil nos Anos 1960," e será realmente Volume II de "Peripécias", mas com outro título. Será, de vez, parecido e não parecido. O formato ainda vai seguir os vários diários de viagem, mas os momentos serão descritos mais na forma de verbetes ou crônicas breves, em uns casos, bem breves. Assim, fica entendido que a inspiração vem de um dos meus escritores brasileiros prediletos Luís Fernando Veríssimo. Durante pelo menos vinte anos, cada vez viajando no Brasil, percorri as livrarias sempre entusiasmado a descobrir "as novas" do autor. E, noto de passagem, o pai dele contribuiu também quando li seu "Gato Preto em Campo de Neve," uma crônica de viagem do velho Veríssimo aos Estados Unidos, isso quando eu estava na graduação na Saint Louis University.

A menção destes escritores brasileiros e a dívida para com eles terminam neste ponto. Longe de ter o talento ou o sentido de humor de Luís Fernando, e principalmente não sendo brasileiro, nem sonhar em chegar à altura deste senhor ao escrever do Brasil. Mas, apesar disso, sempre tentei ficar com os olhos abertos nas várias estadas de pesquisa, viagens de turismo e momentos profissionais através os anos. Acho sim que o que talvez tenhamos em comum é a observação de pessoas, pequenos eventos e momentos de vida diária, mas, aí a analogia acaba.

Assim é que o leitor entrará em contato com professores, folcloristas, escritores de literatura brasileira, poetas de cordel, cenários de folclore, pequenos momentos de vida no Brasil que chamaram muito a atenção do gringo, mas, também haverá a menção do momento político e as mudanças que vi no Brasil, por bem ou mal. Entrelinhas o leitor vai ver a evolução de uma porção da realidade brasileira. E, há muito turismo.

Esta crônica terá momentos de alegria, mas, também, de solidão, de tristeza e de desapontamento, estes últimos o resultado de uma odisseia longa na labuta de publicar as obras escritas no Brasil. (Agora em 2014 só há de ver: www.currancordelconnection para ver como tudo acabou.) Pensei em não incluir a odisseia de pesquisa e esforços para publicar no

Brasil. Portanto acredito que é não só minha história, mas a mesma para muitos acadêmicos na labuta de manter-se no "caminho" de ganhar a "posse permanente" e o avance na academia. Se achar cansativa esta parte da leitura, já tem permissão de pulá-la para momentos menos chatos e mais felizes. No fim deste volume em 1985, as coisas relacionadas à academia realmente vão melhorar. Espero que o total do livro ainda mostre o amor e o namoro com o Brasil e os Brasileiros durante mais de vinte anos de lecionar, viajar, pesquisar e conhecer o Brasil.

# A VOLTA EM 1969

# A CHEGADA EM BELÉM DO PARÁ
# COM CURIOSIDADES

Assim foi que a odisseia no Brasil continuaria em junho de 1969, de volta para continuar as pesquisas sobre o Brasil e a literatura de cordel. A grande diferença, portanto, foi que agora era "Assistant Professor of Spanish and Portuguese" na "Arizona State University," e o objetivo da viagem seria não só a pesquisa, mas a busca de meios de publicar os estudos no Brasil. Quer dizer, havia certa diferença de "status" profissional, algo que me ajudaria a cumprir objetivos, mas, a atitude minha sobre o país foi a mesma. O Brasil representava para mim um mundo exótico e querido, queria aprender cada vez mais dele, e, o namoro continuava "sério". Assim falarei não só de pesquisa, mas de pequenos momentos vividos que impressionaram o pesquisador norte - americano nas terras do Brasil.

Esta vez voei na famosa Varig, o roteiro de Miami a Belém do Pará e logo ao Recife que seria a base da pesquisa. O serviço da Varig foi a já conhecida desde 1966-1967, quer dizer, ótima: balas ou chicletes antes de decolar, toalha quente a refrescar-se, chinelos para os pés inchados durante o voo longo, mapas belos do Brasil e as rotas da Varig, jornais e revistas ao dia, aperitivos e tira-gostos, o primeiro prato de salada e salmão, o prato principal de filé, batatas, e legumes, logo a sobremesa de bolo, e um excelente e cheiroso cafezinho brasileiro a terminar. Tudo regado com aperitivo, vinho no jantar e licores depois. Que bom! E que maneira de brindar os "benvindos" ao Brasil. Tudo na classe de turismo comum. Como veríamos todos nós, haveria uma triste mudança deste fenômeno nos anos futuros.

Chegamos a Belém as 2:30 da manhã no Aeroporto Internacional. Havia a burocracia normal – passageiros demais, funcionários insuficientes, trabalho lento e ineficiente. Havia um funcionário para atender a todos os passageiros com escala a outras cidades e emitir passagens novas para os voos internos aos vários destinos no Brasil. Em uma situação extrema ainda para o Brasil, o pobre homem detrás do balcão estava suando a bicas, muito nervoso, revistando cada passagem, revistando de novo, esquecendo o que já tinha visto, gritando para empregados tratando as malas, limpando os óculos, xingando a todos. Mas, finalmente chegou a minha vez; o novo bilhete foi emitido e eu estava pronto para o voo para o destino final, o Recife.

Aí surgiu o imprevisto ou talvez o previsto. Imagino que a Varig fizera este voo havia anos, que todos estavam bem acostumados com a rutina, e não ao que aconteceu adiante. O grande avião Boeing 707, seguindo sua viagem a não sei aonde, talvez de volta aos EUA, arrancou os grandes motores, esquentando os mesmos. Aí o piloto, em marcha rés, virou o avião para a saída do seu lugar em frente do terminal com a força dos motores já dando para as grandes vidraças detrás do balcão. Aí estouraram as janelas e grandes pedaços de vidro voaram pelo ar adentro do terminal, especificamente, até o próprio balcão onde me tratava com o agente. Pulei para baixo, fazendo-me de cócoras como bom nordestino do interior, isso debaixo do balcão, e grandes pedaços de vidro voaram em cima da cabeça e do balcão. Tive sorte, saindo ileso da chuva de vidro, e não vi outros feridos. De fato, tudo parecia normal, o avião saiu para a pista de decolagem e ninguém disse mais nada.

Tinha chegado ao Brasil.

# RECIFE, 1969

A cidade em 1969, dois anos depois do estágio inicial de 1966-1967 que conta "Peripécias de um 'Gringo' Pesquisador nos Anos 1960", estava em ritmo de crescer – muita construção, muitos altos prédio novos à beira do Rio Capibaribe, mas, ainda via-se muita pobreza à beira das estradas. No centro havia mais tráfego nas grandes artérias, o povo ainda atravessando as pontes que ainda tinham mendigos esfarrapados, uns com evidência aparente da elefantíase, isso é, com "ferimentos" nas pernas inchadas. Fiquei abismado pelo aumento no tráfego, o barulho nas mesmas velhas ruas, algumas ainda de paralelepípedos. A hora do "rush" já fazia parte do velho Recife, na parte da manhã, ao meio-dia e na tarde quando o barulho dos motores, das buzinas e a fumaça enchiam as ruas.

O velho ponto meu de descansar com os amigos, a praia de Boa Viagem, também estava diferente, com vários novos arranha-céus, hotéis novos e altos prédios de apartamentos. As garotas andavam mais de biquíni, diferente dos "maillots" de dois anos atrás, sinal de mudanças grandes a virem nos anos vindouros. Mas, os ubíquos jogos de futebol se espalharam através da praia (me perguntei se foi o tal ainda devido ao desemprego dos pobres de Pina?).

Fiquei hospedado em uma "república" de estudantes em um apartamento em um andar alto de um dos prédios de apartamentos perto da velha Faculdade de Direito do Recife, meu "ponto" em 1966, isso graças ao velho amigo Jaime de Campina Grande. Mas, as condições eram bem melhores de 1966 e a "Chácara das Rosas" – a dona da pensão preparava um almoço respeitável de arroz, feijão, carne de res, tomate, cebola, com cafezinho e goiabada pela sobremesa. O jantar poderia ser ovo frito, tomates, cebola, pão francês, sopa de feijão e café. O café da manhã banana, pão com manteiga, café com leite.

Logo depois de chegar ao Recife, fui ao velho "ponto" de pesquisa no Mercado de São José, à cata de literatura de cordel na barraca de Edson Pinto. Era de notar que só havia um folheteiro na Praça do Mercado, bem diferente de dois anos atrás.

Anos depois eu estaria chocado com as mudanças de costumes no Nordeste, um exemplo sendo as festividades do São João no dia 24 de junho. Vi um documental na TV brasileira castigando os excessos da festa já nos anos 2000 e pouco, as pessoas machucadas pelos fogos, a grande bebedeira e a violência. Mas, naquele junho de 1969 assisti em subúrbio do Recife, em Camaragibe, uma festa bela e nada perigosa. Havia duas bandas, uma de música caipora e outra do "iê-iê-iê", fogos, a grande fogueira e belas quadrilhas. Fez-me lembrar das descrições já lidas na obra de Jorge Amado nos romances da zona cacaueira do interior da Bahia.

Também nos jornais, diariamente, havia artigos reclamando a situação nada bonita da economia Brasileira. O ano 1969 estava especialmente de crise: muita inflação, medo do "imperialismo" ianque, reclamação por um salário mínimo mais alto, e a falta de dinheiro nas mãos do povo, e até nos cofres do governo, o resultado uma parada quase total nas obras públicas e sociais tão necessitadas na área em contra a seca.

Nota cultural para os interessados no folclore: assisti ao filme "Maria Bonita Rainha do Cangaço", versão totalmente romantizada, só ligeiramente baseada na vida de Lampião e a consorte. Era mais novo, em cores, mas, com o mesmo romantismo do clássico "O Cangaceiro" de anos antes de Lima Barreto. Esses filmes, como "Riacho de Sangue" e outros, estariam em contraste forte aos brancos e pretos de Glauber Rocha como "Deus e o Diabo na Terra do Sol" e o Cinema Novo dos mesmos anos.

Outro sinal de mudança: a paranoia da direita, o medo do comunismo, da esquerda, e dos "subversivos" aumentara nesses dois anos. Com o medo, veio a repressão, já um constante na vida no Brasil. A querida música da MPB, os festivais anuais, o namoro com Chico Buarque de Holanda, Nara Leão, o jovem Caetano Veloso e outros já tomara outra direção. O samba ainda estava muito presente, mas, Chico já se encontra em exílio "voluntário" na Itália; Caetano está na Inglaterra, Nara Leão canta pouco, a estrela de Jair Rodrigues baixara, e o mais indicativo, Gerardo Vandré de fama do festival de 1967 e "Disparada" já está desaparecido ou morto. O que ficava? Roberto Carlos o Rei do Rock e os seresteiros.

O clima político do momento é ubíquo, sempre nos "trailers" do cinema que tratam as atividades do regime militar, tudo em ritmo do "desenvolvimento" e "paz militar". É diferente do ambiente no cinema de 1966-1967; quando aparecem os generais inaugurando nova estátua ou obra, já faltam as piadas, as silabadas e as vaias – só se "ouve" o silêncio na plateia.

## O Momento Cultural - "O Auto da Compadecida" e a Censura Federal

Naqueles dias nos manchetes do "Diário de Pernambuco" li do cicerone e mentor o dramaturgo Ariano Suassuna (seu "Auto da Compadecido" fora um dos capítulos da tese doutoral, sendo a obra literária brasileira que mais usava o cordel). Acontece que o "Auto" já foi feito filme e estava no momento de estreia em todo o Brasil. Só que houve um problema: a censura em Brasília não quis liberar o filme; o autor teria de ir à Brasília a defender seu texto e o filme. Falaria disso com o próprio Ariano Suassuna uns dias depois, e, no fim, tudo se resolveria. As dúvidas do governo foram ao respeito de uns comentários em contra a burocracia e corrupção no governo brasileiro (mas, há de lembrar que Suassuna fizera a peça em 1955, anos antes da "Redentora" de 1964!). Também se badalava que a causa da censura fosse talvez a decisão do autor de colocar um Jesus Cristo preto no elenco, fato que ele atribuiu ao "racismo Americano". Pois bem, foi só um entre muitos sinais da mudança de política e clima politico que testemunharia o pesquisador em 1969. O governo paranoico dos militares via a subversão da esquerda em todas as partes, até no texto desse drama tão folclórico e inocente nordestino! A ironia veio depois: o filme bateu record de assistência, chegando a ser a obra de mais êxito do cinema brasileiro até o momento.

Muito mais aprenderia disso em uma visita à casa de Ariano no bairro de Casa Forte em Recife, dias depois. A casa era de estilo colonial, cercada de muralhas com uma entrada em forma de grande porta de aço. Estava cercada de jardins com toda espécie de plantas e flores tropicais. A parede de frente, toda ela, se brilhava com azulejos pintados (azuis), os mesmos da tradição portuguesa e antes arábica em Portugal. Por dentro, os tetos eram altos, toda a casa aberta ao ar fresco. Os móveis eram também de estilo colonial, de jacarandá escuro; a sala de estar com quatro espreguiçadeiras e dois bancos retos, todos eles empalhados segundo o estilo colonial. A mesma sala era um verdadeiro museu de arte nordestina, quadros do batismo de Jesus, muitos outros feitos pelo próprio Ariano, outros modernos por Francisco Brennand e Samico, amigos e colegas já fazia tempo do Suassuna. Não faltava uma estátua grande de São Jorge em um cantinho. E o chão, nordestino, de tijolo e sem tapetes. Faria repetidas viagens ao Recife em outros anos, e os quadros mudariam, evidência do futuro "Romance da Pedra do Reino" e as próprias obras, pinturas e telas refletindo o Movimento Armorial chefiado e inspirado por Ariano uns anos depois. Uma nota menor, mas interessante para o norte - americano, era o uso de mosquiteiros em todas as camas nos quartos de dormir, lembrança do estágio primeiro meu e as muriçocas da "Chácara das Rosas".

Talvez uma reflexão sobre o Ariano de 1969 e as décadas depois seria interessante. Nos anos 1960 Ariano declarou que sempre evitava viajar ao Sul; preferia o papel de "intelectual de província (estava em boa companhia – o maior folclorista do Brasil Luís da Câmara Cascudo também pensava assim). Anos depois Ariano teve que fazer exceção: indo ao Rio aceitar a cadeira na Academia de Letras. E ainda mais quando anos mais tarde uma das Escolas de Samba do carnaval de Rio de Janeiro faria como tema – "Ariano Suassuna, Ícone do Brasil." Isto quer dizer que, "You have arrived!" Chico Buarque ganhara o mesmo honor em outro ano.

## Dia a Dia, o "Normal" no Recife 1969

Muitas outras coisas não tinham mudado, coisas que chamaram a atenção do "gringo" no Nordeste. Uma noite estava eu sentado no balcão de um café pequeno na Avenida Guararapes, comendo um sanduíche. Senti algo atrás, me virei, e a umas poucas polegadas do meu traseiro estava sendo estacionado um Fusca. Acontece que o dono guardava o carro dentro do bar cada noite.

Nas pontes no Centro ainda havia os mendigos, uns com as pernas inchadas e envoltas em "bandagens," Também se falava de "schistomiasis," doença ainda presente nestes anos também, fato averiguado por amigos dos Voluntários da Pátria. A doença vinha do verme parasítico, antes caracol, que crescia nas entranhas dos intestinos, verme que foi pego nas águas de açudes ou pequenas lagoas do interior. O verme cresce no estômago e pode, literalmente, chegar ao tamanho de um metro ou mais. Os sintomas eram a dor nos intestinos, sangue, e danos horríveis no fígado. Será por isso que muitos brasileiros que julguei serem "normais" andavam tomando remédio para fígado?

## A Livraria "Sebo" no Recife

Conheci o dono do sebo, o senhor Brandão, em 1966 e o encontraria de novo em Salvador em 1981. Nesta época dos anos de 1966 a 1969 vive de grandes contratos com a Universidade de Texas e outras universidades tais nos Estados Unidos, provendo livros às grandes bibliotecas das mesmas. Talvez devido a isso, o livreiro Brandão acaba de me informar que há uma lei nova no Brasil – com a morte do artista, intelectual etc. a biblioteca particular do mesmo há de se manter dentro do Brasil. Não pode ser vendido e levado fora do país. As atividades de livreiros como Brandão foram consideradas pela maior parte dos Brasileiros de ser ainda outro tipo de exploração do Brasil pelos capitalistas dos EEUU. Contou-me Brandão que ele já foi acusado de vender raridades aos EUA.

## À Cata de Publicações

Houve muitos dias e encontros com o pessoal do Instituto de Pesquisa Joaquim Nabuco em Casa Forte, eu tentando oferecer um manuscrito, baseado na tese doutoral de 1968, para a publicação. Houve papos com os mestres do Instituto, Sylvio Rabelo, Mauro Mota, e Renato Campos. O último entregou uma parte da tese ao famoso chefe Gilberto Freyre em Apipucos, a "Casa Grande" do famoso autor colocada em um velho engenho de cana de açúcar. Freyre, sociólogo famoso brasileiro devido primeiro à sua obra "Casa Grande e Senzala" ("The

Masters and the Slaves"), originalmente tese de mestrado da Columbia University em Nova Iorque, virou o "manda chuva" do futuro instituto, fundado e colocado em um velho engenho de açúcar da família. O mestre utilizava o "pistolão" seu de ser deputado federal para fundar a entidade, nomeada em honra do intelectual pernambucano do século XIX. O grande chefão, pois, aceitava uma parte da tese na forma de um artigo na revista do Instituto.

Porém, o estudo inteiro foi visto com entusiasmo por Ariano Suassuna como livro pequeno para a Universidade Federal de Pernambuco no Recife. Levou anos e um maço de cartas, mas eventualmente saiu como meu primeiro livro, "A Literatura de Cordel" em 1973. Nesses dias, fui levado à imprensa da universidade no carro do "Departamento de Extensão e Cultura" da UFEPE, meu cicerone sendo o próprio Ariano. Depois de um papo breve com o chefe da Imprensa, Ariano me disse: "Tudo pronto. Pois o senhor é o chefe; eu sou na manda", Disse que ele mesmo faria a revisão o texto e o livro deveria sair em agosto de 1969; pois sim saiu em 1973, e agradecido eu. Só quatro anos de espera! Uns anos depois o livro final da carreira já demorava uns sete em São Paulo! Escrevi em outra parte, e repito: uma das realidades diárias de uma carreira de quarenta e três anos como professor universitário era o esperar cada dia o correio chegar com correspondência do Brasil. Pois, em um belo dia em 1973 o pequeno livro chegou. E, talvez era de esperar, uns anos depois com a internet, a espera não sumiu.

## Os Tempos – A Repressão Militar

Em 1969, eu e amigos estudantes na "república" em Recife celebramos o aniversário do amigo Jaime Coelho no apartamento da pensão; havia muito entusiasmo e muitas "vivas" e brindes! Alguém, como piada, gritou "Viva Cuba." Minutos depois alguém bateu na porta – foi a polícia querendo saber o que acontecia, e ameaçou levar todos nós à delegacia da polícia. Somente depois de muita conversa, conseguimos convence-lo que tudo foi uma piada. Mas, acontece que o ano 1969 não foi muito chistoso para os brasileiros. Anos depois, depois do começo da "abertura" política em 1980, muitas histórias sairiam sobre a opressão da época.

Como prova da atmosfera da época nos jornais há notícias das ameaças ao "Bispo Vermelho", Dom Hélder Câmara do arco diocese do Recife, e há notícias do assassinato de um padre religioso na cidade. Mais uma vez, a paranoia da direita, o medo do comunismo, da esquerda, e dos "subversivos" aumentara nesses dois anos. Foi em 1969 que uma nota séria dos problemas políticos saiu em jornal no Recife. A casa do Bispo "Vermelho", Dom Hêlder Câmara, foi metralhada no Recife, o bispo ameaçado de morte. Naqueles dias acontece também que um Padre Mello foi assassinado na universidade dos Jesuítas, uma mensagem ao pessoal da Igreja "Progressista" de não falar nem fazer nada que ofendesse o status quo político e militar.

Um Aparte. Anos depois, em 1976, a esposa Keah e eu assistimos O Congresso Internacional Eucarístico, um importante congresso da Igreja Católica em Philadephia, e, durante o congresso foram honrados "Mother Teresa" e o mesmo Dom Hêlder Câmara. Os dois estiveram presentes e ouvimos, sentados longe do palco, suas palavras! Foi um momento belo em nossa vida religiosa.

E, em outro ano, estive no Aeroporto dos Guararapes no Recife e vi um senhor baixinho na vestimenta de um clérigo, com uma pasta de couro na mão, vindo em minha direção. Pensei com os botões: "É ele! O Dom Hêlder!" Gaguejei uma pergunta boba, "O senhor é Dom Hêlder Câmara?" O baixinho sorriu e disse, "Não. Sou o irmão dele" Aí, depois da piada, tivemos uma conversa muito breve mas inesquecível para mim. Nunca vou esquecer a "mantra" do "Bispo Vermelho": "A maior violência no planeta é a fome".

# Os Camelôs e a Prefeitura 1969

Naqueles anos era muito comum ver as ruas do centro do Recife repletas com um comércio semilegal. Era ilegal vender qualquer coisa na rua sem licença; mesmo assim, dezenas de vendedores enchiam as ruas, especialmente ao redor dos Correios. Para impedir o comércio, um caminhão da Prefeitura rodava as ruas, pegando camelôs "ilegais," e colocando os objetos a vender no caminhão. Eu, provavelmente a caminho aos correios uma manhã, com a Avenida Guararapes repleta de gente, assisti o seguinte. De repente houve muitos gritos, correria, uns camelôs dando sinal aos colegas que "o rapa" (o caminhão da prefeitura) vinha pela rua. Um camelô tentou pegar sua mesinha de madeira com limões e carregar a mesma fora da vista do rapa, derramando tudo na calçada, limões rolando por todos os lados. Aí havia camelôs correndo loucamente em todas as direções, gritando uns aos outros, espiando de rincões de prédios à polícia. A multidão de gente, povo, nas ruas, se deu conta de tudo e todos torciam pelos camelôs. Um destes correu em frente do caminhão, conseguiu atravessar uma das pontes, e minutos depois, voltou ao seu "ponto" acostumado, com um sorriso bobo na cara. Tudo foi um pouco irônico, pois, o "contrabando" que vendiam eles consistia em laranjas, limões ou talvez umas canetas "Bic," (Lembre "Ed Morte" de Luís Fernando Veríssimo uns anos depois quando o detetive teve que vender sua coleção de canetas BIC para comprar um simples jornal). Os pobrezinhos só estavam tentando ganhar uns parcos cruzeiros. Havia coisas maiores para preocupar a polícia ou a polícia militar. Mas, evidentemente, foram os donos de lojas "legais" ao lado das ruas que se queixaram à polícia, devido ao fato dos camelôs estorvarem à entrada às lojas. Mas foram estes senhores "ilegais" que enchiam as escadas dos correios com seus produtos tão ilegais.

# Pequenos Mafiosos.

Há um artigo no jornal sobre os pequenos mafiosos na feira de Olinda. Há rapazes que trabalham na feira levando as compras dos fregueses à suas casas ("fretando na feira"). Evidentemente, os jovens mafiosos cobram "dinheiro de proteção" aos mesmos guris; se não aceitarem – surra! (Me lembro de um dos trabalhos do grande poeta de cordel na Bahia Rodolfo Coelho Cavalcante. Quando jovem, era o mesmo, fretar na feira.)

# O "Artista Gringo" na Boate de Campina Grande

Em determinada noite fui com os colegas Jaime e Flávio às boates de Campina Grande, "A Venézia" e o "Esquisito," a última com muita gente e uma banda de música. Fui introduzido, toquei guitarra elétrica e cantei umas músicas "rock" dos 1950 em inglês. Só o vovô vai lembrar-se de músicas de Elvis Presley, Bill Hailey and the Comets, Little Richard e Buddy Holly! Era realmente "pouca coisa" mas a novidade eram as músicas cantadas em inglês! Correu no outro dia a notícia que um gringo "fizera show" na noite anterior, fato talvez interessante para mostrar o papel do boato em uma cidade no interior. Naquela mesma noite, em outra boate, um cara puxou revólver em frente da gente.

## A Justiça no Interior

O leitor informado saberá da história da injustiça e o rol que fazia na criação dos cangaceiros Lampião e Antônio Silvino – os dois supostamente entraram no cangaço devido à falta de justiça quando membros da família foram assassinados em brigas políticas no interior e os oficiais da justiça nem ligaram para o caso. Pois bem. Na família de um bom amigo de Campina Grande se contava esta história: uma das irmãs se noivou; o noivo foi morto à bala por um rival; o assassino teve "pistolão" com os políticos da cidade e nem foi trazido ante a justiça num tribunal de leis.

A famosa Glória Pérez, de fama de criadora de novela da televisão, me contaria uma história semelhante sobre a morte da filha Daniella nos 90 no Rio de Janeiro. Entrei em contato com Glória por uma razão pouco esperada: foram publicados muitos folhetos de cordel sobre o assunto. Falarei em outro volume do caso, mas foi um caso da arte se convertendo em vida e vice-versa. Justiça comprada?

## O Espiritismo Kardecista em Campina Grande, 1969

As seguintes linhas refletem uma entrevista com o pai do amigo Jaime Coelho em Campina Grande em 1969. O senhor Coelho era médium do Espiritismo Kardecista. Kardec foi o fundador do movimento espiritista na França nos anos 1850, tudo reportado no "Livro dos Espíritos". O espiritismo kardecista se baseia em, entre muitas coisas, a comunicação com os espíritos dos mortos, o talento do médium espiritista de curar os doentes e escrever livros de autores mortos ("escritura mediunística") e uma crença na evolução da vida depois da morte, uma espécie de Reencarnação. Pois, o senhor Coelho trata umas 40 pessoas cada dia. Acredita que tem o dom de curar, claro a um nível menor do Jesus Cristo, mas, baseado no poder de Cristo e seus discípulos. Dai, porque o dom é dádiva de Deus, não cobra pelas curas. A reputação dele é tanto agora que vê clientes que têm que pedir entrevista com um mês de antecedência. Os que observei não eram, ou pelo menos, não tinham aparência de pobres, eram bem vestidos, etc.

A consulta é feita em um prédio anexo a casa, no pátio exterior; há várias salas, uma sala de esperar com bancos para sentar-se, nas paredes há fotos ou imagens de Jesus Cristo, São Jorge, e Padre Cícero Romão. Há uma "sala de reunião" ou sala de sessão espírita, com uma mesa longa, e fotos de "Médiuns," umas sete em total. As sessões tomam lugar duas vezes por semana. No primeiro andar, em baixo da "sala de curar" há uma sala inteira que parece farmácia, com remédios doados por caixeiros-viajantes de toda a região, com amostras, etc. Tudo para o uso do senhor Coelho.

O senhor Coelho é conhecido em toda a região, mas tem ligações através o nordeste inteiro, especialmente com uma senhora, médium conhecida em Salvador da Bahia. Vai lá duas vezes por ano a assistir conferências. Ele tem o dom de curar, mas, ela é vidente, com poderes de percepção ou "ver" as coisas (acho eu, algo parecido ao caso do famoso Chico Xavier de Minas Gerais de fama de escritura mediunística). Nas sessões, os médiuns são capazes de entrar em contato com os espíritos de parentes mortos, ou amigos, isso para a comunicação com os vivos. Coelho acredita em e cita versos da Bíblia como fonte de seu dom. Acredita que o filho Jaime (amigo meu desde 1966) tem um dom ainda mais forte, mas, Jaime optou pelo estudo da medicina tradicional na universidade, igual a duas irmãs dele.

Observei o senhor Coelho "trabalhando". Nos casos que envolviam espíritos, reza, coloca as mãos na cabeça do paciente; nos casos físicos, faz uma "diagnóstica" imediata, não sei como, e aí oferece um remédio da "farmácia" sua. Diz de 10 casos de "distúrbio mental", oito melhorarão depois da consulta. (Um pro médio bem melhor do que o Hospital Estadual Mental acrescenta Coelho.) Não aceita nenhum dos ritos espirituais africanos nem qualquer mistura de "baixo espiritismo". Já tem 15 anos de prática no consultório.

A família não aprova com todo coração a consulta, mas, obviamente, deixa que continue. É este o tipo de curar que no Brasil se associa com o mestre Arigó (famoso espírita também de Minas Gerais, já falecido, mas famoso pelas "cirurgias" sem o uso de anestesia nos olhos.)

Se aprendi uma coisa no Brasil através os anos, foi não fechar os olhos a outras possibilidades, outras soluções, em fim, outras crenças religiosas do que as acostumadas nos EUA. Este é um bom caso. Outro será, descrito mais tarde, visitas a um centro espírita no Rio de Janeiro com o colega, amigo, Sebastião Nunes Batista, isso anos depois nos 1980.

## Turismo – o Forte do Blum no Recife

O Forte do Blum no Recife foi começado em 1626 pelos portugueses e terminado pelos Holandeses durante sua ocupação de Pernambuco em 1630 (foi durante o tempo que Espanha controlava Portugal, consequência sendo que o último país punha menos esforços em vigiar a colônia; daí os Holandeses e os Franceses se aproveitaram para criar problemas). Vimos canhões pesados, muralhas espessas de 5 a 6 pés, portais para os canhões, uma capela dentro do forte. Ficaram os holandeses em Pernambuco até 1654 com a Batalha de Guararapes (a avenida do centro da cidade assim é nomeada pelos patriotas brasileiros que derrotaram os Holandeses). Mas, com a derrota e expulsão foram também muitos dos Judeus que foram tolerados durante anos quando desenvolviam a indústria de cana de açúcar no Nordeste. O colega da Columbia University em Nova Iorque Peter Eisenberg fará um bom estudo sobre o tema anos depois. Entendo que a indústria açucareira caiu na decadência logo depois, e que muitos dos Judeus migraram a sítios no Caribe.

## Uma Volta a "Jubiabá"

Para o estudante de literatura brasileira com conhecimento das obras do mestre Jorge Amado da Bahia dedico este momento: fomos ao cais principal do Recife. Vimos um cargueiro grande e homens negros, suando a bicas, descarregando grandes sacos de comestíveis, doados pela Aliança para o Progresso, famosa na época. Os sacos tinham milho, soja e pó de leite e levavam a etiqueta "Donated by the People of the United States of America." Os recifenses acham que o projeto total é um desastre; muito melhor mandar máquinas, equipamento para fazendas de gado leiteiro. Dizem que pouco da comida realmente chega às mãos dos necessitados, e há anedotas notórias da corrupção – a mesma comida sendo vendida ao povo.

Em outras partes do cais foi realmente uma cena de "Jubiabá," grandes navios carregando açúcar e os estivadores negros carregando e descarregando os mesmos. Havia grandes caminhões das refinarias ou usinas da região em filas grandes ao longo do cais. O açúcar era cor de marrom, não o branco refinado que conhecemos nos EUA, e de sacos de 80 quilos. Havia dezenas de "estivadores", homens vestidos quase em farrapos, a maior parte, negros, mas, uns de sangue misto.

## O Homem na Lua, 20 de julho de 1969

Foi um momento histórico – os primeiros astronautas dos EUA na lua. Tudo aparecia nos televisores – ainda em branco e preto. Vi o cenário no televisor de uma sorveteria perto da Faculdade de Direito de Pernambuco. Amigos da pensão e mesmo uns desconhecidos vieram pessoalmente, abraçando-me, dando a mão e parabéns pelo evento (como se tivesse eu algo a ver com isso). No outro dia havia folhetos de cordel nas ruas descrevendo o evento, com detalhes especialmente notáveis das refeições dos astronautas! É de notar que há um "subtexto" de tudo – nos anos 1960 todos os brasileiros andavam cientes da "luta pelo espaço" entre os EUA e a União Soviética, do primeiro satélite "Sputnik" e agora a "grande vitória pela democracia." Uma nota curiosa – se fosse propaganda pela esquerda ou não – muitos brasileiros do interior não acreditavam no evento – tudo foi "teatro" dos imperialistas ianques!

Um Aparte. Muitos anos depois houve um Simpósio sobre a Literatura de Cordel em nada menos que a Biblioteca do Congresso em Washington, D.C. O acontecido era parecido ao fato quase que inverossímil da maior coleção da literatura de cordel, a poesia humilde do povo, sendo localizada em nada menos do que o acervo da Fundação Casa de Rui Barbosa no Rio de Janeiro. Isto é outra história: porque Ruy era famoso poliglota, e os acadêmicos queriam estudar a língua portuguesa, por que não estudar a língua do povo, daí, o acervo da literatura popular em verso no mesmo Centro de Pesquisa das obras "relíquias" do Mestre Ruy!

Pois, no simpósio falado, quem representou os poetas de cordel era Gonçalo Ferreira da Silva do museu folclórico "Casa de São Saruê" em Santa Teresa no Rio de Janeiro. Fiquei eu como "cicerone" para Gonçalo no tempo livre, achando algo parecido ao feijão e arroz querido, e levando o mestre a ver "The Mall" e em particular, O Museu do "Ar e Espaço". Aí dentro vimos o "lunar landing vehicle" daquela primeira viagem à lua e Gonçalo quase que quase ficou "fora de si" de surpresa, entusiasmo e alegria. A razão? Ele fez uma história em cordel do mesmo evento em 1969, baseando-se nas reportagens nos diários e da televisão, e agora estava revivendo a história mesma!

## A Fama de Ariano Suassuna em 1969

Ariano era chefe do DEC, Departamento de Extensão e Cultura, da Universidade Federal de Pernambuco naqueles dias. No escritório dele, batendo papo sobre o livro meu, chegou um professor jovem de Lima no Peru que comunicava o grande êxito de representação do "Auto" em Peru. Foi apresentado primeiro nos átrios das igrejas e nas praças das municipalidades – gratuito ao público e compartilhando o espírito original do autor no nordeste do Brasil. Aí, os cleros se queixavam por tachar o "Auto" de ser "anticatólico." Foi o primeiro drama no Peru a receber esta crítica, não totalmente ruim porque a publicidade atraiu o público a vê-lo. Mais tarde foi apresentado em teatros municipais e finalmente no grande "Teatro de Comedia Española" em Lima. Segundo o professor peruano, Suassuna agora é o autor brasileiro mais lido no Peru. Interessante: a peça que se apresentava foi traduzida ao espanhol de uma versão em inglês – não havia nenhuma versão em português em Lima! (É uma boa amostra da falta de intercâmbio cultural entre espanhol e português na América Latina nos anos 60.)

Um Aparte: Assim explica o "risco" da Editora Orígenes em Madri de fazer meu livro, "Antología Bilingüe de la Literatura de Cordel Brasileña – Portugués – Español" in 1989.

Suassuna falou dos prêmios ganhos pela peça em Colômbia, a apresentação na França e Alemanha, e de uma tradução horrível ao espanhol que ele conhecia. Disse que escreveu a peça em 1955 nunca imaginando um êxito nacional ou internacional devido ao caráter regional forte da peça. Tive a impressão que Suassuna realmente teve pouca ideia do sucesso da peça "lá fora." O certo é que tem recebido poucos "royalties." Diz que não presta atenção ao assunto, "Só lá, no Itamarati" o Departamento de Serviço Diplomático Brasileiro, no Rio. Acrescentou: se ligasse a tais coisas, não teria tempo nenhum para escrever. Por mais que chegasse eu a conhecê-lo, mais gostava dele (a amizade continuaria através os anos, esporádica, com encontros bons em 1981, 1988 e especialmente em 2000).

## O "Gringo" nos Correios, Avenida Guararapes, Recife 1969

Acho que já escrevi disso em "Peripécias,", mas, está nas notas de 1969. Nos estágios de 1966, 1967, 1969, e ainda 1970 no Recife, dependia da correspondência pelo correio entre mim e a casa nos EUA. Recebia a correspondência no Prédio da USIS e foi uma caminhada longa e interessante da pensão Chácara das Rosas, passando por Boa Vista, a Avenida Guararapes até a "Ilha." De volta, sempre com cartas da casa em Abilene, Kansas, parava num café ao ar aberto na Avenida Guararapes, comprava uma Revista "Time" em inglês para matar saudades, tomando um refrigerante ou cerveja e lendo as cartas de casa (ou da namorada Keah em 1969).

Mas, mandar cartas ou livros à casa, já era outra história. O cidadão dos Estados Unidos não estava nada preparado para a "luta" no prédio dos correios. Explico. Primeiro, nas escadas, lá fora, é como um "bazar" no Egito. Vendem-se laranjas, bananas, e envelopes e penas BIC. O Brasileiro, muitas vezes, compra o material, escreve a carta na hora e entra nos Correios para mandar a mesma.

Um Aparte: Não posso menos de sorrir pensando nas BICS e a crônica hilariante de Luís Fernando Veríssimo contando do anti-herói o detetive Ed Morte que teve que vender sua coleção de BICS para comprar o jornal do dia.

Mas, os envelopes não têm goma, nem os selos que se compram depois de esperar na fila. O jeito é comprar o envelope e o "selo," ir logo a uma mesinha que tem um pote de goma e uma escova, tentar colocar o selo, e fechar o envelope. Eu acabava com mais goma nas mangas da camisa e nas mãos do que no envelope.

Aí começa outra aventura – esperar na fila para mandar a carta "pegajosa." Há uma fila para "correio regular," outra para "aérea," ainda outra para "registrada." Nenhum brasileiro que conhecia eu na época acreditava que uma carta pelo "correio regular" chegasse bem ao destino. Olhei atrás do guichê, e vi que os empregados de todos os guichês mencionados jogaram as cartas em um mesmo monte no chão. Pensei nisso. Será que separaram depois segundo o nível pago? Será que tudo foi mandado igual?

Os empregados são notoriamente mal pagos, de mau humor, "casmurros". A gente tem de saudar cortesmente, desejar o melhor para a família etc. e esperar o melhor.

Mas, um fato – em todos aqueles anos de encontro com os correios, nunca se desviou um pacote de livros ou uma carta minha a casa em Abilene, Kansas, nos EUA. Tudo chegou bem. De fato, mandei tanto pacote de livro embrulhado naquele papel frágil, muitas vezes o pacote chegando todo rasgado e uns sem endereço, mas todos chegaram a casa!

# MUDANÇA DE CENÁRIO –
# "FLYING DOWN TO RIO"

## A Época - Embratel

No voo do Recife até o Rio houve uma conversa interessante. Foi nestes anos que estavam aumentando a rede de comunicações no Brasil, tudo feito pela companhia EMBRATEL. Estava sentado eu ao lado de um homem que estava terminando um estágio em Recife, fazendo as instalações. Queixava-se muito da ineficiência, da preguiça, e o roubo pelos nordestinos na operação. Acredita que é um uso muito mau de fundos federais, não sente nenhuma pena pelo Nordeste, acredita que se os Nordestinos aprendessem trabalhar mais, seriam muito mais eficientes. Esta atitude ainda não desapareceu no Brasil. O preconceito continua.

## Mudança nos Ônibus do Rio de Janeiro

Desde 1967 o sistema todo mudou. Antes, na placa em cima do para-brisa, havia o nome do destino do ônibus – i.e. Centro, Botafogo, Maracanã, etc. E abaixo, no cantinho à esquerda do para-brisa, pintada, uma lista dos lugares da rota, isto é, Centro via Jardim Botânico. Agora, a placa revela só um número, e ninguém tem certeza ainda do destino; há muita confusão. (Com o passar do tempo tudo melhorou, o povo aprendeu e se acostumou.) Dizem que há um livro-guia que explica tudo, mas, ninguém tinha. Depois de umas viagens, e perdendo-me várias vezes com o resultado de chegar a conhecer mais do Rio, gradualmente me acostumava ao novo sistema.

# Mudança na Praia de Copacabana, 1969

A prefeitura tem um plano para aumentar bastante a Avenida Atlântica na Praia de Copacabana (se não me engano, em 1966 havia só duas faixas), criando assim uma estrada de duas ou três faixas em cada direção. Mas, é mais complicado do que isso – vão alargar a praia mesma trazendo toneladas de areia nova por meio de um túnel e a dragagem da área. Anos depois o plano se terminou e é o que se vê hoje, avenida larga e linda, mas, talvez ainda menos eficiente com o tremendo aumento de carros no Rio. Em 1969, havia terríveis engarrafamentos em Copacabana. Só havia duas rotas para o centro do Rio: uma na Avenida Nossa Senhora de Copacabana até o leste, o túnel e Botafogo, a outra atrás por Ipanema e Leblon pela Lagoa Rodrigo de Freitas entrando na parte de atrás de Botafogo, e logo indo para a praia e aí pegando o "Aterro". Experimentei terríveis engarrafamentos nas duas vias.

Na parte interior de Botafogo há uma grande favela encima do morro; dizem que há um plano do governo de acabar com a favela e fazer mudar todo o povão até o interior, na Baixada Fluminense. Houve, de fato, uns incêndios misteriosos nas favelas, alcançando a mesma finalidade, talvez. Um caso foi a Praia do Pinto – detrás de Leblon. Foi anunciado que seria arrasada. Quando os habitantes recusaram a se mudar, um incêndio "misterioso" a destruiu. Semelhante às "invasões" de Salvador e "mangues" ou "mocambos" do Recife, o povo não quer sair às construções "proletárias" nas aforas do Rio, porque os deixa longe de empregos na zona sul e não têm verba para o transporte de subúrbios longínquos. Mas, o "progresso" nivelou a Praia do Pinto e o próximo passo será a favela maior da zona sul no outro lado da lagoa.

Aparte: A atitude mudou tremendamente com o passar do tempo. Hoje as "favelas" são "comunidades" e há, especialmente com os eventos como A Copa do Mundo em 2014 e os Jogos Olímpicos em 2016 grandes esforços para melhorar as condições de vida nas comunidades. O novo bondinho aéreo á Providência é um caso.

# A Feira Nordestina de São Cristóvão, 1969

Cedo de manhã, no domingo, peguei ônibus na Zona Sul, o mesmo lotado com empregadas, porteiros, trabalhadores de construção, muitos do Nordeste, aproveitando o dia livre para matar saudades pegando a feira. O tempo estava com nuvens, mas chegando mais para o centro e depois à Zona Norte, havia muita poluição causada pelo tráfego, principalmente dos ônibus e da zona de fábricas. Mas, antes disso, era lindo ver a Bahia de Botafogo, o Pão de Açúcar na distância, o tope em nuvens, a praia já com gente jogando futebol (ninguém ou poucos se banhavam nesta praia devido à poluição da água).

O ônibus foi da linha "Jacaré – Jardim de Aláh," e temo que haja algo simbólico disso. O Jardim de Aláh é um parque bonito do bairro de Leblon e Jacaré é um bairro muito pobre na zona norte. O ônibus já estava totalmente lotado ainda antes de sair de Ipanema, a maior parte dos passageiros de cor morena e baixinhos – os estereotipados nordestinos.

Já no centro do Rio, depois de sair da Avenida Getúlio Vargas em caminho à zona norte, depois de muitos prédios altos do centro, há uma deterioração completa a beira da estrada. Veem-se sobrados antigos, malcuidados, trapiches velhos, uns no processo de serem derrubados. 'A direita, há um morro com uma favela encima, quase não vista devido a névoa-poluição no ar. 'A esquerda, o lado revés de morros separando zona norte e sul, o lado ao norte também está cheio de construções pobres.

Depois de pouco tempo o ônibus entra na Avenida Brasil (em 1969 ainda não existiam as autoestradas que conectam hoje em dia a zona sul com o aeroporto internacional do Galeão na Ilha do Governador) e passa pelo rodoviário com fábricas e favelas ao lado da rua. Também há um canal com água preta, mau-cheiro, cor do carvão das fábricas. Mas, depois de passar pelo bairro de Meier, chegamos a São Cristóvão, a praça sendo o ponto de chegada de ônibus, caminhão e até trem do Norte e Oeste. Ao lado da praça construíram o Pavilhão de São Cristóvão, e, a grande feira rodeia-o por três lados. A feira é uma "casa" longe de "casa" para os nordestinos que a frequentam cada domingo de manhã. Este domingo a feira compartilha o espaço com "O Festival Nacional da Cerveja" dentro do pavilhão, uma combinação de eventos talvez perigosos.

O folclorista Raul Lody escreveu o melhor e mais detalhado estudo sobre a feira que conheço, pela Campanha Nacional de Folclore. Vende-se quase tudo que se veria no Nordeste: todo tipo de comida, ferramentas, coisas para a casa, roupa, redes. Mas, a cultura do Nordeste fica bem evidente: cantores cegos, e trios de "forró" – sanfonistas, triângulo e tambores – tocando baião e xotes, o tipo de música que Luís Gonzaga fará famoso nesses anos. Há homens vendendo remédio popular, pregadores com a Bíblia na mão, e pelotiqueiros que fingem engolir fogo.

O nosso interesse é a presença da literatura de cordel, vendedores e poetas a declamarem os versos. Tanto o poeta de cordel quanto os cantadores estão mais presentes do que na minha última visita em 1967. Principal entre eles é o Azulão, morando agora no Estado do Rio, mas, oriundo da Paraíba. Vende usando um pequeno sistema de som, com microfone (o barulho do forró cria obstáculos tremendos para os poetas). Via-se limpo, um pouco queimado de sol, bem afeitado, e talvez com uns quilos mais do que em 1967. Tem um assistente, uma mulher, que serve de "cobradora" enquanto ele canta o folheto. Declama e canta igual aos melhores do Nordeste. O público era impressionante – o número de pessoas, o entusiasmo deles. Cantou "Os Homens na Lua" e vendeu bastantes exemplares. Estava muito ocupado com o público e o negócio; daí não interferi eu. Tinha folhetos seus nos dois estilos – o tradicional do Nordeste e uns pela Editorial Prelúdio com a capa colorida, o desenho de gibi. Notei que o público parecia preferir o estilo de São Paulo, isso é, da Editorial Prelúdio.

O poeta Antônio Oliveira também estava presente (conheci-o em 1967) com uma seleção boa, entre eles os "clássicos" de Ceará e Pernambuco. Ele era velho veterano de São Cristóvão. E, havia três ou quatro outros vendedores de cordel.

Havia uma dupla de cantadores, isso é, improvisador de verso, os dois vestidos de terno escuro, camisa branca e gravata, sentados em caixas de madeira sob a sombra de uma árvore grande. Ao chegar eu, indicando que queria tirar uma foto, imediatamente começaram a improvisar versos do "sujeito estrangeiro" que acaba de chegar.

Em fim, a totalidade de pessoal de cordel e cantoria foi a maior que tinha visto nesta viagem no Brasil. Parece que a feira estava prosperando.

# O "Berro d'Água"

O amigo Daniel Santo Pietro (bolsista da Fulbright em 1966-7 e agora na gerência de "Caritas" no Rio) me introduziu ao lugar e voltei várias vezes nos anos seguintes. O cenário era impressionante – originalmente devia ser ou um hotel ou prédio alto de apartamentos ao lado da Lagoa Rodrigo de Freitas. Segundo a história, a verba acabou no meio da construção, mas, aproveitaram para fazer o possível – ficava a "superestrutura" de chão e colunas de concreto de vários andares. Botaram elevadores ao andar mais alto e ali fizeram um restaurante e salão de baile, em fim, uma boate. A sensação é estranha – a gente primeiro toma o elevador que sobe uns dez andares; ao sair, tem que atravessar o chão de concreto com mais nada até chegar no clube. O restaurante em si é elegante e o salão de dançar fica ao ar aberto – uma cena realmente fascinante e linda, especialmente de noite. Com estrelas, talvez lua cheia, ou com umas nuvens ou névoa, a estátua do Corcovado fica à direita e à esquerda as luzes da Lagoa, e a parte de atrás de Ipanema - Leblon, com um pouquinho das praias visíveis na distância. O nome do restaurante vem de um conto famoso de Jorge Amado "A Morte e a Morte de Quincas Berro d'Água". (O protagonista Quincas, perito das diferentes qualidades da cachaça, quando engolindo, errado, um copo d'agua que pensava ser "a branquinha" cuspiu alto gritando "Águaaaaa"!) Em uma noite com brisa suave, música estilo bossa-nova, lua e estrelas, é um lugar muito romântico do Rio de Janeiro dos anos 1960. Eu me pergunto agora em 2014: será que ainda está ai?

Um Aparte: Não sei se cheguei a escrever em "Peripécias." Na saída do Brasil para Peru e logo os EUA em 1967, o voo na Varig virou festa! Pegamos a Miss Brasil em São Paulo (quem sentou ao meu lado na cadeira ao outro lado do "corredor,") e logo, na escala em Lima, as Misses de Chile, Paraguai, Uruguai, Argentina, e Bolívia. Os passageiros dançaram samba no corredor e as bebidas eram fartas. Tanta beleza. Incluindo a moça e amiga minha ao meu lado, Voluntária da Pátria voltando aos EUA.

# O BRASIL 1970

# INTRODUÇÃO

Estive mais uma vez em viagem ao Brasil, com uma bolsa pequena da Arizona State University, e planos de pesquisa, mas, com uma grande diferença – o turismo porque esta vez estou levando a esposa nova Keah (casamento de 1969) a conhecer "meu" Brasil e logo uma viagem rápida ao outro país predileto "meu" – o país de Guatemala. Os dois destinos também ficavam como verdadeira "lua de mel".

Foi a primeira vez que Keah conheceu as necessidades de minha carreira – viajar e fazer pesquisa na América Latina. Não sabia bem nem o português nem o espanhol, mas, surpreende mente, chegou a compreender bastante, às vezes, ouvindo o que eu não ouvia.

# MUDANÇAS

Com a atmosfera de terrorismo em 1970 agora no Brasil em contra o regime militar, com "sequestros" de oficiais do comércio, até diplomatas, e até bombas tiradas em bancos e o tal, havia uma forte mudança na revisão de passageiros nos aeroportos, incluindo a sua bagagem. A introdução para nós foi no Aeroporto de Belém do Pará onde entramos no país. Para o voo de Belém ao nosso primeiro destino, Recife, Pernambuco, tivemos que acordar-nos às 4 da manhã, chegar ao aeroporto às 5, e só saiu o avião às 8:30, isso devido à revisão do DOPS. Pelo menos, tinha mulheres para revisar as passageiras. A revisão era de "mão tocada" no corpo inteiro.

# SÍNDROME DE EMERSON FITTIPALDI
# PELOS PILOTOS DE AVIÃO

A introdução para Keah ao machismo e o espírito de piloto no Brasil veio logo depois. Chegando ao Aeroporto dos Guararapes no Recife, o tempo estava mal com chuvas pesadas. Ao aterrissarmos, o avião descendo precipitadamente, no momento em que devíamos aterrissar, o avião de repente aumentou a velocidade. Olhando pela pequena janela, vimos que a pista de aterrissagem estava bem à esquerda do avião. Aí o piloto fez uma de Emerson, subiu precipitadamente, virou à esquerda, e estávamos voando pelo Mar Atlântico. Mas, aí o jato fez um círculo, e sem mais, aterrissamos bem na segunda descida. Keah, com as mãos molhadas de suor pelo nervosismo, já teve sua introdução à aviação no Brasil. Nenhum piloto nos EUA, naquele então, faria a mesma manobra tão abrupta (talvez devido à regulamentação nossa). Mas, no fim, foi divertido.

# ENCHENTES E "FUSCAS

Ficávamos hospedados na casa do velho amigo Flávio Cavalcante quem estava no momento em São Paulo, fazendo pós-graduação em engenharia. Seu irmão Sérgio, recém diplomando de medicina, ficou como cicerone. Como sempre no mês de junho (como em 1966, 1967 e 1969), era "inverno" em Pernambuco e chuvas pesadas mais uma vez traziam cheias pesadas à cidade. Sérgio, levando-nos pela cidade, chegou a uma rua de água alta, e não hesitou, entrou para dentro. A explicação – "Os fuscas boiam." Acho que sim chegamos a boiar um pouquinho. Nos EUA, haveria uma barreira proibindo a entrada na rua. Mas, os brasileiros sabiam melhor.

# O MOMENTO: O PESSOAL E O TURISMO DURANTE A VIAGEM O QUE FIZEMOS E VIMOS

A Capela de Ouro do Recife, 1699. Igreja das maiores no Brasil. Ouro e vídro colorido.

Capoeira do Mestre Pastinha, um dos mais famosos, show no Pelourinho, Bahia.

A introdução de Keah ao Rio – o grande apartamento dos James (ele, representante da Biblioteca do Congresso no Brasil). Parque Guinle com vista do mar. Nota profissional: Jerry viu o meu livro na lista de futuras publicações pela UFEPE e é bom sinal (viria a acontecer três anos depois).

Notícias da Casa de Rui Barbosa. Professor Thiers morreu de ataque de coração. Mas, o projeto do livro de estudos sobre a literatura popular em verso vai para frente. Adriano da Gama Kury é o novo diretor de Filologia e será bom amigo no futuro. Foi ele quem "editou" o meu estudo "A Sátira e Leandro Gomes de Barros" para o livro futuro.

Conheci por primeira vez, o grande Théo Brandão, folclorista de fama do Estado de Alagoas (em segundo lugar só a Câmara Cascudo no Brasil.) Conhecera meu artigo na "Revista de Folclore" e agora está à cata do poema clássico da Literatura Popular em Verso o "Soldado Jogador" e já tem 500 laudas escritas!

Conheci o poeta – cordelista Joaquim Batista de Sena, importante nos 60 e 70 em Fortaleza, parente de Sebastião Nunes Batista.

Conheci por primeira vez o ubíquo e famoso professor Raymond Cantel da Sorbonne, pesquisador e locutor para o cordel nos anos vindouros.

Turismo no Rio de Janeiro com Keah: ao Corcovado, ao Berro d'Agua no Hotel Panorama Palace, ao Pão de Açúcar

Reunião com o primeiro amigo brasileiro, datando da universidade Jesuíta em Kansas City, Missouri, em 1960, Henrique e família. Henrique e Cristina foram casados na Igreja do Carmo no centro do Rio com festa de casamento no Hotel Copacabana Palace, e logo a lua de mel em Amsterdam. Hospedei-me por uns dias em casa da mãe de Henrique, a viúva Kerti e os dois filhos Henrique e Cristiano na primeira estada no Brasil em 1966. E através os anos haveria vários encontros para renovar a amizade.

Na bela Confeitaria Colombo no centro da cidade. Café ou chá e os doces famosos com a Keah. A Confeitaria foi fundada em 1894 e agora tem mais de cem anos de existência e não pode ser separada da história cultural e culinária do velho centro do Rio. Já é parte do patrimônio histórico da cidade. A grande sociedade carioca era "o cliente" para disfrutar o chá da tarde, as gulosinas de chocolate e o resto, em um ambiente de "Fim do Século" no grande Rio. Virou, como o tempo, grande restaurante fino e lugar de festas da "gente boa" da cidade.

Vi o filme documental, seminal, e, já clássico de Tânia Quaresma sobre o cordel e o folclore do Nordeste: repentistas, o vaqueiro nordestino, Frei Damião, artesanato de couro, o Cariri e as beatas. Quem me dera ver agora de novo. Foi um dos primeiros esforços de captar aquela realidade folclórica em filme branco e preto.

O Despachante. Instituição brasileira da época. É um agente para "quebrar o galho" com a terrível burocracia brasileira. O amigo Daniel Santo Pietro, no Brasil com um visto temporário para trabalhar no CARITAS, tinha um maço espesso de documentos para poder sair do Brasil, casar com a noiva em Nova Iorque e traze-la de volta ao Brasil. A única solução mesmo para ele, veterano a lidar com a vida profissional no Brasil, era recorrer ao homenzinho-despachante.

Alugamos o apartamento modesto de Daniel em Ipanema por um mês enquanto ele estivesse em Nova Iorque, "Lua de Mel em Ipanema." Praia, etc.

O Cabeleileiro. Keah precisava cuidar ou cortar o cabelo. Fomos a um salão de beleza na rua principal de Ipanema, entrei com ela, perguntei ao cabeleireiro se sabia inglês, disse que sim. Pois, deixei a pobre Keah em "boas mãos" e voltei uma hora depois, não reconhecendo a recém - casada noiva – agora com um estilo totalmente novo, sei lá, de altos caracóis. Ela disse que o cabeleireiro só sabia a palavra "yes." E ela, nada de português. Mas, curtimos muito, e o novo estilo foi até bonito.

## Fim da Viagem

Estas notas eram breves porque era uma estada breve, bela e de bastante sucesso no Brasil embora, na maior parte, consistindo no turismo. Hoje, décadas depois, reconheço que a minha própria alegria no Brasil seria em parte atribuída àquelas poucas vezes quando Keah me acompanhava ao Brasil. Quando não muita solidão!

# O BRASIL – 1973

# INTRODUÇÃO

Tais coisas acontecem pouco na vida de um acadêmico norte americano, mas, uma delas aconteceu em 1973. Vivendo a vida "pacata e normal" de professor de faculdade na Arizona State University, isso é, lecionando aulas de português e espanhol e literatura espanhola e brasileira, fazendo pesquisa sobre o cordel, recebi uma carta, "Air Mail, Special Delivery" do escritório da Varig em Los Angeles. Disse, "Favor de entrar em contato com a Varig em quanto ao transporte pré-pago recebido para o senhor". Que é isso, pensei. Coisa nunca vista. Liguei, e o pessoal lá disse que "Temos uma passagem aérea paga para o Rio de Janeiro para o senhor". Não sabiam o motivo, a razão, só que tinham a passagem marcada já com as datas. Falei que, por favor, se pudessem averiguar mais sobre o assunto. Assim foi que caiu do ar o bilhete.

Bom professor sempre tem alguma coisa na gaveta, e foi meu caso. Tinha preparado meses antes um novo estudo tratando o relacionamento entre o tema heroico do cordel e a obra-prima de João Guimarães Rosa, "Grande Sertão: Veredas". Jovem, ambicioso, ainda no começo da carreira, mesmo sem ainda saber o motivo da passagem aérea, topei, preparei a mala e peguei o voo de Fênix a Los Angeles. Felizmente, em Los Angeles, tinham recebido já uma resposta e explicação do misterioso bilhete de avião – a passagem tinha que ver com um convite para assistir e participar no "Primeiro Congresso Internacional da Filologia Portuguesa" no Rio e Niterói. Não sendo filólogo e entendendo pouco do mesmo, fiquei sabendo só depois da chegada ao Rio que uma parte pequena do congresso ia tratar a Literatura Popular em Verso (nome antigo para o "cordel"), e foi devido ao meu estágio de estudos sobre o cordel na Fundação Casa de Rui Barbosa em 1966, 1967 e 1969, que merecia o convite. Não sendo jogador, por temperamento natural, "tinha jogado no número" e deu certo. Daí, escrevo estas notas, lembranças e meditações da viagem que viria a ser nova aventura do "gringo sem jeito" no Brasil.

No balcão da Varig em Los Angeles, a emitir o "boarding pass", os empregados riram da situação, mas, não acharam nada de mais. "Vai lá, aproveita" foi o conselho. Havia uma espera, bem, duas – a primeira quando ninguém conseguiu abrir a porta do avião 747 da

Boeing para aceitar os passageiros, e logo, a névoa pesada de noite em Los Angeles. O avião foi chamado para voltar da pista de aterrissagem devido à névoa. Daí todos nós passageiros apreciamos aquele incrível "serviço a bordo" da Varig, sentados nas poltronas do avião, demorando a chegar o sinal da torre para decolar. A meia-noite havia aperitivos, salada de salmão, tomate e ovo, pão francês e queijo, peito de galinha, sobremesa de crema de limão, e um gostoso cafezinho. Decolamos às duas da manhã e pegamos voo de 5 horas a Lima, no Peru. Depois de um ou dois "pisco sour" pelo departamento de turismo de Lima decolamos de novo, agora diretos ao Rio.

# A CHEGADA AO RIO DE JANEIRO

Para minha surpresa, havia gente no Aeroporto do Galeão a esperar-me, a amiga Ana Maria Barbosa da Fundação Casa de Rui Barbosa. Aí tudo ficou mais claro – Ana Maria explicou o motivo do Congresso com o nome bem eufemístico no estilo português e brasileiro – O Primeiro Congresso Internacional da Filologia Portuguesa. Como ficava eu dentro disso, não sendo nada filólogo? Pois bem, havia uma seção sobre "A Literatura Popular em Verso", uma parte da seção de Filologia dentro da Casa de Rui. Lá vai uma história complicada, mas, acho que o único jeito da Casa dedicada à vida e obra de Rui Barbosa de ter acervo de cordel, tão desprestigiado na época, foi ter o cordel para estudar "a linguagem popular do Brasil," ou coisa parecida. Seja como for, Ana me levou ao hotel do congresso, o famoso e antigo Hotel da Glória do Rio.

Um aparte. O Hotel tinha um salão dedicado totalmente ao Imperador Dom Pedro II com lindos retratos, móveis da época, uma coisa de admirar (me fez lembrar-se do Museu de Dom Pedro em Petrópolis). Por outro lado, um aspecto mais duvidoso, era a fama que o Hotel começava a ter no carnaval famoso do Rio – o baile dos travesti. Pelo menos, era a atmosfera em 1973.

De passagem, a velha Avenida Rio Branco estava totalmente em obras para a construção do novo Metrô do Rio. O Brasil se modernizava, e, o Rio não podia ficar atrás do grande São Paulo que já tinha metrô.

Pois, no hotel seria hospedada a "elite" do mundo acadêmico português-brasileiro, a "crema" dos intelectuais de filologia, literatura e mais importante, peritos de Luís de Camões, autor do grande poema épico "Os Lusíadas". Fui apresentado a Américo Ramalho, Celso Cunha, Massaud Moisés, Artur Torres, Joel Pontes, Hernani Cidade e o importante Raymund Cantel da Sorbonne, homem que pôs o cordel no mapa intelectual do Brasil. Eu, jovem, novato, teria o batismo no mundo intelectual dos congressos internacionais.

Vale a pena contar as impressões do congresso, retratando assim certos costumes interessantes desse mundo, um mundo muito diferente daquele nos EUA.

# O CONGRESSO

## Sessão Solene - a Abertura

Foi no auditório da Reitoria da Faculdade de Letras da Universidade Federal do Rio de Janeiro em Niterói. Achei interessante, antes de tudo, a tocada do hino nacional brasileiro. Para os que não conhecem, é longo, complicado e para o ouvido norte-americano, um pouco engraçado. Todos os intelectuais finos, com terno escuro e gravata, pareciam balançar com o ritmo.

O Primeiro orador. Foi "O Cadillaque" (piada por estar ele em todas as partes, perorando, dando grandes discursos meio barrocos) Pedro Calmon, historiador famoso brasileiro, merecido da atenção. Mas, humor à parte, tem que confessar, é a ele quem devo uma ideia – o germe do livro "História do Brasil em Cordel", isso devido a um livro pequeno e modesto do mesmo, "História do Brasil na Poesia do seu Povo", tratando poemas de índole histórica antes do cordel e nos primeiros anos do cordel.

O almoço a seguir. Não era um desses "lanches" pobres e pouco gostosos servidos nos congressos nos EUA. Foi numa churrascaria na vizinhança. Saladas, todos os cortes de bife, porco, galeto, batata frita, logo sobremesa de sorvete e um cafezinho excelente. O problema foi que fosse tudo regado por um chope friíssimo e excelente. Não pensando nas consequências, participei liberalmente do choppe. Daí, a sessão da tarde me premiou com aquele sono pesado. No almoço, conheci mais da "crema" intelectual, Gladstone Chaves de Melo, filólogo famoso, e dois grandes colegas do futuro na pesquisa do cordel, Théo Brandão, folclorista nacionalmente reconhecido (em segundo lugar na mina opinião só a Luís da Câmara Cascudo, na importância no Brasil) e Sebastião Nunes Batista, colega de pesquisa e amigo na Casa de Rui.

Impressionante para o jovem Americano, na sessão daquela tarde o auditório estava lotado, sem nem uma cadeira vazia. Estimo haver até quinhentas pessoas. Isso nunca aconteceria em um congresso na minha terra. E fiquei sabendo, que a plateia PAGOU PARA ASSISTIR!

Falando disso, aquela tarde uma moça veio a minha cadeira na plateia e me deu um envelope. Estava cheio de notas, dinheiro nacional, acho que talvez 500 cruzeiros, uma quantidade significante que dava para muitas coisas – compras, cervejas, ou refeições extras. Explicou a moça que era dinheiro "para passear." Já pensou? A tradição de "honorarium" para os participantes principais em congressos nos EUA nunca seria paga com um envelope branco cheio de nota na mão durante o congresso! Através os anos de faculdade nos EUA, em questão de um congresso anual, a minha universidade no começo pagou transporte e uma noite de hotel, logo o hotel foi embora e no resto da carreira foi só o transporte mais barato. Comparar isso com o Brasil do terceiro mundo em 1973. Nunca descobri de onde veio a verba para tudo. Mas, o Brasil de 1973 era ainda aquele país pobre se desenvolvendo para o futuro. Mas, como todo país, havia os privilegiados. Congressistas entre eles!

De volta aquela tarde ao hotel no Rio, o transporte foi uma delícia tropical – as famosas barcas de Niterói-Rio, um tanto velhas, mas, com a passagem lenta e calma com a vista do Rio, foi incrivelmente linda e até, digo, romântica.

Aparte: Notícias do cordel. Zé Bernardo da Silva da Tipografia São Francisco em Juazeiro do Norte, nas suas posses a obra de Leandro Gomes de Barros e João Martins de Atayde, morrera tempos antes. Também Sylvio Rabelo da Fundação Joaquim Nabuco no Recife. Talvez a melhor coleção do cordel particular no Brasil, de Evandro Rabelo, tinha sido vendida, acho a uma entidade em Pernambuco. O amigo, colega de pesquisa e cicerone cultural na vida folclórica do Rio de Janeiro, Sebastião Batista, naquele então, estava de tempo integral na Faculdade da UFRJ, tentando pegar título universitário. Esta é outra história a contar. Sebastião era de raízes humildes, um dos filhos de Francisco das Chagas Batista, um dos heróis do velho cordel, e Sebastião, era antes simples funcionário do Ministério de Agricultura no Rio de Janeiro. Foi através do pistolão do Professor Thiers Martins que entrara na faculdade. E me contou que não importava a área, só o título. Anos depois venceria, conseguindo o título e o respeito dos colegas na Casa de Rui.

## Dia Segundo. Sessão no Real Gabinete de Leitura Portuguesa no Rio

Se não me engano, a sessão tratou sobre Camões. Começara com um discurso florido do "Cadillaque" Pedro Calmon. De passagem, o famoso professor Hernani Cidade de Portugal, velho e surdo, pegando no sono. E outra vez cantaram o hilariante (a mim) hino nacional com todos quase dançando ao ritmo. Houve discursos meio barrocos do Baiano Calmon e logo um conterrâneo seu, Hélio Simões, isso contrastando com o discurso pragmático, cheio de fatos, de Segismundo Spina da USP. Devia-me surpreender? Era o velho estereotipo Bahia-São Paulo.

Mas, houve outras coisas que veria tempos depois, repetidos tempos, em congressos no Brasil, problemas como o microfone (o brasileiro se acostumava falar com a boca perto demais ao microfone, assim criando distorção, e sempre, volume alto demais). Daí, vezes repetidas, o orador foi interrompido por um peão tentando ajustar o diabo do microfone, isso causando confusão e grande dificuldade em seguir o discurso. Talvez fossem esses detalhes que não me deixavam pegar no sono.

Outro inconveniente. O banheiro do Real Gabinete de Leitura Portuguesa ficava diretamente detrás da mesa, a pouca distância da mesa dos oradores. Inevitável – depois de um daqueles almoços com vinho e cerveja, houve muitos "necessitados", daí o som constante do abrir e fechar da porta do banheiro, e, pior, o som da água com cada vaziar do vaso.

Muitos dos estimados, consagrados, pegaram no sono durante as palestras. E nos andares superiores do grande salão, tudo sendo um salão enorme com vários andares de estantes de livros, muita gente estava caminhando ou mesmo olhando "a banda passar." Aparte: foi nestes anos que o jovem e talentoso Chico Buarque de Holanda compôs e cantou em Festivais da Música Popular Brasileira" sua obra-prima "A Banda".

De repente, houve barulho, confusão, e muita fala, etc. Foi a chegada do Embaixador de Portugal, com escolta especial de polícia. Ouvia-se sirenas, etc., isso no meio da palestra do estimado professor alemão, o mesmo não apreciando, acho, ser interrompido. Mas, como eu ia aprender logo, não era nada de novo, e nada de admirar, nada demais, coisas tropicais. Com um discurso que estava farto de retórica, o mesmo embaixador, inaugurou um busto fora do prédio (mais uma vez, não sei de quem.), o "Cadillaque" no meio de tudo. Assim sobrevivi a tarde.

Aquela noite houve drinques no bar "Chalaça" da Glória com Hernani Cidade, Segismundo Spina, e Massaud Moisés, a comparar a vida de professor nos EUA, o Brasil, e Portugal. Acho que "aguentavam" a presença do novato gringo. Os temas foram comparações dos salários, sistema para licença – prêmio, etc. Na conversa, havia opiniões dos mesmos sobre Jorge Amado, Carybé, os afoxés da Bahia e Jorge de Sena (isso pelo professor da Bahia, Hélio Simões.)

O único outro Americano convidado para o congresso foi Thomas Skidmore naquele então da Dartmouth, logo Wisconsin; iria a Brown só anos depois. Era talvez o professor norte americano mais conhecido de história brasileira no momento, junto com E. Bradford Burns da UCLA. Seus livros seriam imprescindíveis na minha preparação do futuro livro de 1998 "História do Brasil em Cordel," anos mais tarde.

# Camões em Outro Dia, na Manhã, no Real Gabinete de Leitura Portuguesa no Rio

Foi nesses momentos que cheguei realmente a entender e apreciar o papel do autor dos "Lusíadas" para a tradição intelectual de Portugal. Tenho que dizer que não só li a obra, mas, lecionei a mesma a uma estudante de pós-graduação, anos depois no Arizona. Tempo bem gasto.

## O Mais Importante – a Sessão sobre a Literatura Popular em Verso no Auditório da Reitoria em Niterói.

Plateia lotada. Incrível para mim. O primeiro orador foi o jovem Arnaldo Saraiva, da Universidade do Porto, colega casual que só chegaria a conhecer melhor em anos vindouros, o mais recente em um contato na Paraíba em 2005, e o mais memorável, vendo o Arnaldo mais humano que acadêmico no momento glosar uns versos meio duvidosos (engraçados) desde o microfone do ônibus de volta a João Pessoa de Campina Grande. Depois houve uma introdução incrivelmente gentil por Maximiano Campos de seu servidor. A palestra saiu bem, bem aceita ("Influência da literatura de cordel em 'Grande Sertão: Veredas' de Guimarães Rosa," palestra que depois viria estudo monográfico, ganhando prêmio no Brasil em 1985). Depois houve uma palestra depois muito pragmática, nada barroca, pelo grande Professor Raymund Cantel, estrela da mesa. E depois o fim da sessão foi o "performance" de cantadores-repentistas, Azulão e um colega se não me engano.

Aparte: O Volume I de "Literatura Popular em Verso – Estudos I" saiu em noite de autógrafo, no final do congresso, isso no salão nobre da própria Casa de Rui Barbosa, com drinques, piadas, e alegria. Eu, com 32 anos, agora para sempre estaria na companhia de Manuel Diégues Júnior, Ariano Suassuna, Raquel de Queirós, Bráulio do Nascimento, e Sebastião Nunes Batista. Uma segunda edição pela Itatiaia de Belo Horizonte, sairia anos depois. É um livro seminal e um clássico no gênero. A participação minha foi devida ao trabalho árduo de pesquisa no velho centro de pesquisas na Casa de Rui em 1967 e 1969, trabalho apreciado por

Thiers Martins Moreira, a "cabeça" detrás da obra. Eu me lembro de um momento quando tomava notas de um "discurso não formal" do mesmo Thiers, explicando-me o SEMTA e o cordel em Amazonas. O que me admirava: os muitos estudantes que compraram o livro e pediram autógrafo. "They really read these things!"

De volta, no barco, com Professor Cantel, a professora portuguesa, e Luciana da Universidade de Roma, em meio de uma chuva pesada.

## Outro Dia: Dei o Fora

Precisava de um descanso de congressos, dando uma volta no Rio e voltando ao "pé sujo" predileto, o Braseiro em Copacabana, para curtir filé mignon, salada de legumes, vinagrete, batata cerveja e café. O preço: US $2.90. Notei de passagem, que tudo andava muito mais caro no Rio do que em 1969, o ultimo estágio. Em compensação, a praia melhorava - do velho biquíni, agora havia a tanga e o fio dental. "Makes a young man weak."

Daí perdi o passeio à casa de Roberto Burle Marx o mais famoso "landscape arquitect" do Brasil, pecado capital devido à ignorância do gringo, mas, naquele dia simplesmente não aguentava outro dia "intelectual". Burle Marx era um dos primeiros ecologistas no Brasil e muito cedo na carreira implorou o Brasil a resgatar a floresta amazonense. Era parceiro com o arquiteto Lúcio Costa e o famoso Oscar Niemeyer. Um dos projetos com o último foram os jardins da Igreja de Pampulha em Belo Horizonte. Mais famoso foi o projeto para as palmeiras e outras plantas na Praia de Copacabana e a famosa calçada mosaica e logo os jardins e planejamento do centro de Brasília, em parceiro com Lúcio Costa e Oscar Niemeyer. Perda minha.

## Outro dia

Assisti à palestra de um professor que me parecia o "galo" intelectual do congresso, Leodevigário de Azevedo Filho com a vestimenta melhor do congresso! Ficava esplêndido em um terno fino escuro, camisa branca impecável de mangas largas e abotoaduras finas, e uma gravata chamativa. Seu talento na peroração não ficava menos impressionante que a sua presença no congresso. Houve também uma conversa longa e boa com Professor José Aderaldo Castelo, de origem e gostos do Nordeste.

Não me acostumo ligar muito a tais coisas, mas, o elenco deste congresso não se repetiria na carreira inteira. Entre outros, conheci também Afrânio Coutinho, mestre de crítica literária e autor de uns dos melhores livros sobre o tema da época, e o Professor Roger Bismut da Louvain. Para encerrar o congresso, houve uma dessas ceias da época, patrocinada pelo Presidente do Xerox do Brasil, na casa-palácio de Laranjeiras. Imagine o cenário: uma corrida de táxi com sete professores portugueses indo a uma festa. Os anfitriões foram Sérgio Gregori e a esposa, parente da autora brasileira da época Henriqueta Lisboa. A casa foi no Parque Guinle (não preciso dizer mais). Conheci Vianna Moog de fama de "Pioneiros e Bandeirantes" e Austregésilo de Ataíde, presidente da Academia de Letras, este no momento, falava do novo prédio a ser construído pela Academia.

Intervenção do Brasil: Na volta, houve uma corrida louca de taxi, perdido o motorista, com uma caminhada errada a Cosme Velho e a estação de trem para o Corcovado, tudo acabando com a chegada ao hotel às 2 horas da manhã.

## Ainda outro dia.

Depois, de tarde, houve uma diversão para os congressistas: um show no Club Canto em Niterói: havia pandeiristas do carnaval e um show de Touquinho e da Clara Nunes! Quem imaginaria! Os tempos passam. Toda a plateia cantando, dançando samba, inclusive, José Blanc, Adido Cultural de Portugal no Rio, uma figura um tanto gordo mas muito simpático e divertido.

Aquela noite: o Coquetel de fechadura do Congresso, no salão nobre da Casa de Rui. Todos da "creme" intelectual do Rio estiveram presentes. Era atmosfera de festa, e, de fato, festejavam a saída do talvez melhor livro sobre o cordel na época: "Literatura Popular em Verso: Estudos I." Como disse anteriormente, tive a tremenda sorte de estar junto com o elenco de outros autores com estudos no volume: Manuel Diégues Júnior, Ariano Suassuna, Raquel de Queiróz, Bráulio de Nascimento, Sebastião Nunes Batista e outros. Foi um grande "primeiro passo" na carreira profissional no Brasil!

No outro dia, o pessoal estava saindo para suas terras. Lembro que o famoso Hernani Cidade me perguntou, na porta do hotel, se era costume dar gorjeta aos botões. Eu, mais estrangeiro do que ele, que sabia eu?

## Conclusão.

Haveria outros congressos e muitos momentos belos profissionais no Brasil, eventualmente com vários livros meus a saírem, incluindo noites de autógrafo. Houve dois ou três congressos realmente bons sobre o cordel ou a literatura nordestina. E não posso esquecer-me da Comemoração dos 50 Anos de Literatura de Jorge Amado" e a saída de minha monografia sobre ele, isso em 1981. Mas, nunca, haveria a repetição destes dias descritos, com o elenco que havia. E eu, jovem, inocente, "um novato" no meio de tudo. E, principalmente, tudo foi uma lição do procedimento acadêmico Luso-Brasileiro!

## Uns Momentos depois do Congresso

Meio insignificante ou não foi o momento no ônibus na Barata Ribeiro quando o motorista arrancou o câmbio de marcha do chão do ônibus e usou-o para ajustar o espelho da janela esquerda, tudo muito calmo, e voltou a coloca-lo no seu lugar no chão. E, não perdeu um momento na corrida por Copacabana.

Sebastião Nunes Batista.

Ele compartilhou comigo anedotas imprescindíveis sobre o velho cordel. Conversou sobre o pai Francisco das Chagas Batista. E mais sobre Leandro Gomes de Barros, ainda o predileto do cordel. Contou de uma noite quando o poeta Leandro, já havendo tomado umas e outras, voltava à casa um tanto ébrio e errou de casa, entrando na casa do vizinho.

 Sebastião contava da vida: da juventude em Paraíba, logo o serviço de trabalhar na Estrada de Ferro na Bahia e um encontro com cangaceiros. Houve um momento quando "bancou" ser médico no sertão, se virando pelo grande conhecimento que tinha no assunto. E, mais tocante ao hoje em dia, contou dos primeiros dias no Rio de Janeiro quando era o "homem das cartas," "secretário" de correspondência na Estação Central dos Trens (a mesma do filme recente). Sebastião virou "o homem da máquina de escrever", escrevendo cartas para os matutos analfabetos do nordeste. É interessante lembrar um dos filmes do famoso Cantinflas no México quando o famoso comediante fazia o mesmo papel. E Sebastião faria o mesmo serviço na Feira Nordestina em São Cristóvão.

# DIAS FINAIS DA VIAGEM

O tráfego do Rio já me molestava e a contaminação do ar. Sentia falta do Colorado e a família. Um pequeno incidente - No dia final na praia de Copacabana assisti uma briga de canários na calçada. Pássaros amarelos e vermelhos. Briga de 10 minutos. Tudo ilegal suponho. A única vez em todos os anos no Brasil.

A Volta para Casa. Foram 14 horas de viagem até Los Angeles; daí perdi o voo para Phoenix, mas, afinal, havia a chegada e reunião com Keah.

# O BRASIL 1978

# INTRODUÇÃO

Esta vez tive a sorte e a honra de ir ao Brasil através de uma Bolsa da famosa "American Philosophical Society" de Filadélfia. O motivo foi consultar o acervo de literatura popular em verso mais uma vez da Casa de Rui Barbosa à cata da obra do poeta "Boca do Inferno Popular" da Bahia, Cuíca de Santo Amaro, Ele o Tal. Iria a Bahia em 1981 a completar a pesquisa, e escreveria e publicaria dois livros sobre o poeta, o primeiro em 1991 pela prestigiosa Fundação Casa de Jorge Amado em Salvador, e, logo uma antologia pela Hedra Editora em São Paulo em 2000. Para economizar dinheiro, a bolsa se não me engano era só de dois mil dólares, peguei voo "charter" (a única vez na carreira) em Nova Iorque, isso depois da conexão desde Fênix.

A experiência no aeroporto internacional de Nova Iorque foi uma dessas: o terminal velho, caindo em pedaços pelo uso, o dia quente e húmido. Tive que transferir ao terminal internacional, daí houve uma espera pelo ônibus, cercado por motoristas de táxi mal humorados, e um tipo John Travolta paquerando com as moças no ônibus em um sotaque 100 por cento de Nova-Iorque.

Mas, matei saudades do Brasil, ainda no aeroporto, esperando na fila para o avião, um velho calhambeque DC -8, vendo os brasileiros todos com pressa e não sei por que (o avião demorou a sair). Foi um voo de 3 horas e meia até San Juan, Puerto Rico (ainda não sei por que, nenhum passageiro novo entrou no avião). Mas, havia uma atmosfera de festa brasileira a bordo, todos se aproveitando do "bar aberto", e uma pequena ceia de bife (não se comparando com o serviço da Varig).

## Proteger o País – a Defumação com "Esprei" na Cabine do Avião.

Ao chegarmos ao Aeroporto do Galeão no Rio de Janeiro, mais uma vez, todos os brasileiros estavam terrivelmente apressados para pegar as malas trazidas a bordo e sair do avião, talvez sabendo da espera a vir na alfândega. Mas, esta vez, não deu certo. Depois de muita confusão, todos foram chamados de novo para dentro da cabine aonde um homenzinho veio com uma lata de "esprei" para "matar muriçoca", talvez os bichos sem visto para o Brasil. Dai houve a mesma confusão e pressa, e no fim, todos nós na fila da alfândega.

# O "NOVO" GALEÃO

Foi minha primeira vez a conhecer o Galeão já novo e remodelado. Gigantesco, parecia ser quase tudo de vidro e aço e concreto (ambiente muito frio) - ó – e a famosa voz sexy da moça que anunciava os voos naqueles anos. Houve muitos companheiros de viagem através os anos que comentavam A VOZ e todos nós imaginávamos a imagem também bela dessa mulher. Mas para matar saudades ainda ficava a velha burocracia da alfândega, com filas grandes, muita espera, e os oficiais de terno preto, gravata preta, camisa branca, mas, mesmo assim, mal vistos, batendo muito papo, fumando, sem pressa nenhuma, e ainda com o sacrossanto carimbo para bater no passaporte. Deram a todos um pequeno papelzinho que marcava a entrada e com o conselho de NÃO PERDER. Sem isso, supostamente, não podia a gente sair do país. Através os anos e talvez vinte voos ao Brasil, vivi durante anos com o medo de perder aquele papelzinho. Nunca aconteceu. Mas, ainda penso nas possíveis consequências. Lembro - me dos momentos assustadores em 1967 quando tive o visto de estudante e tive que ser "liberado" pela polícia pernambucana depois de provar que não iria sair do país sem pagar impostos ou haver cometido qualquer crime. Só foi por um jeito do amigo Flávio e a importância da família Cavalcanti Veloso (o pai almirante na Marinha, consagrado médico e planejador do grande hospital da marinha em Recife ) que fiquei livre. Mas, foi um pesadelo para a gente.

# "DER KRAUTHAUS"

O Professor Adriano da Gama Kury, Diretor da Seção de Filologia na Casa de Rui Barbosa, para me fazer um favor, pensando que era católico, tinha me arranjado hospedagem no Rio na "Casa de São Bonifácio." Pois, não sabia eu onde ficava, e ninguém no aeroporto sabia, e a lista telefônica não revelou nada. Depois de horas, descobrimos a "Igreja Católica Alemã" no Rio Comprido (bairro ao norte da Zona Sul) com o nome oficial "União de Caridade São Bonifácio". Ficava um pouquinho ao norte da entrada à zona norte pelo Túnel Rebouças. Bom, era um tipo de "Hostel" para turistas da Alemanha. Fiquei, pois, hospedado aí, não sabendo alemão etc. E o transporte para a Casa de Rui era complicado e levava horas. Mas, como dizem, depois saí "da panela para o fogo."

Mas, há algo a acrescentar – sentado em um banco em uma praça perto do São Bonifácio, cheguei, pela contemplação, a me sentir muito entusiasmado vendo a humanidade na praça: namorados, jovens e velhinhos a conversar, e os jogos de baralho. Ao mesmo tempo todos nós fomos cercados pelo tráfego denso, a poluição e o barulho. A vizinhança tinha mais gente preta do que a zona sul; a atmosfera era mais como o Recife ou a Bahia.

# UM MOMENTO: O ÔNIBUS E O VIADUTO

Há um viaduto ou mais entre Botafogo e Urca, ou para entrar ao túnel para Barata Ribeiro em Copacabana. Hoje um ônibus bateu noutro e "pulou" a barreira a cair em cima de passeantes em baixo do viaduto; houve vários mortos. Eu já andei muitas vezes nos ônibus no Rio que pareciam até aumentar a velocidade a cruzar os viadutos, e muito mais, nas curvas do aterro entre Botafogo e o Centro. Lembrava as rezas oficiais da Igreja Católica da juventude em tais momentos.

# UM MOMENTO – A CORRIDA DE TÁXI

Em uma corrida nesses dias cheguei a experimentar um dos motoristas mais divertidos dos dias no Brasil. No começo delirava dos malandros e ladrões que enganaram um tio seu em um investimento. Logo, contava como queria conhecer os EUA e aí ter e dirigir um daqueles carros bonitos e bons da terra de Tio Sam. Mas, logo, mudou de assunto a comentar um tema predileto – as mulheres no Rio. Disse, "Todas querem "trepar" aqui no Rio, só é que umas ainda mais do que outras. Todas são "fodas".

# UM MOMENTO: OS ESQUENTADORES DE ÁGUA NOS BANHEIROS DO RIO

O processo foi o seguinte: acender a luz "pilota," abrir a torneira, e aí o esquentador devia acender com as chamas de gás, e paulatinamente a água se esqueceria. De vez em quando explodem. No Nordeste, encontram-se esquentadores elétricos, e o pessoal sempre está sofrendo de choque elétrico, especialmente os estrangeiros não acostumados ao "negócio".

# MUDANÇA DE CASA

Como dizia antes, a distância, a isolação e o "commute" para a pesquisa na Casa de Rui Barbosa em Botafogo não tinham graça. Esses inconvenientes me levaram a abandonar os bons alemães que adoravam comer "soft boiled egg in a cup" para o café da manhã, algo que nunca cheguei a apreciar, não podendo dominar a técnica de abrir um pequeno buraco na casca do ovo e usar uma pequena colher a devorar o conteúdo adentro.

Mas não foi fácil a busca. Através de anúncios de jornal, "quarto para alugar, jovens", fui ver uma bagunça de lugar em Copacabana, e um pequeno apartamento no interior de um velho prédio em Ipanema, quarto escuro e deprimente. Dias depois encontrei um quarto em um apartamento bonito se não me engano no décimo andar de um prédio ainda bonito na parte de atrás de Copacabana, mas, ainda não distante da praia e talvez três quarteirões de Nossa Senhora de Copacabana.

O apartamento era bonito com móveis também bonitinhos, a dona sendo Dona Dulce (o marido falecido tinha sido gerente do Banco do Brasil), uma filha casada com Françoise (nunca descobri o que fazia ele para ganhar a vida) e um filho "teenager" que me fez lembrar muito dos jovens da Chácara das Rosas dos anos em Recife, o nome de Juca.

Não notei no começo, mas, só depois, as imagens de umbanda no apartamento. O Françoise era adepto do mesmo e uma vez tentou me explicar o assunto.

Mas de assustar naquele "inverno" no Rio foram as tempestades de chuva e o vento quase feroz que pegavam no edifício. Ouvia-se o som constante de portas batidas com força pelo vento, e ocasionalmente o som de vidraças de janelas quebrando. Dormi pouco naquelas noites. A janela do meu quarto dava diretamente para o morro atrás, mas, sendo tão alto, tinha um mínimo de barulho de rua, um constante em Copacabana. Mas, ao contrário da crença no Recife, ainda havia muriçocas, isso na altura do décimo andar.

# MERCADO NEGRO E A TROCA DE DÓLARES

Naqueles anos devido a uma tremenda inflação na economia brasileira o "negócio" do Mercado Negro prosperava no Brasil. Acabei trocando meus cheques de viagem em dólares no "PM Turismo", e como diria Terry Thomas o comediante inglês no filme "Mad, Mad, Mad World", tudo era "very hush hush", misterioso, feito no quarto de atrás, todos sussurrando.

Em outra ocasião tive que ir até o Centro a uma agência de viagem na Getúlio Vargas, longe da residência a falar com o gerente português (o câmbio foi 20 cruzeiros pelo dólar, 2 mais do que um banco). Mas, aí tive que receber tudo em um cheque pessoal dele, levar o cheque a um banco regular na Avenida 7 de Setembro no Centro. A especulação com o dólar está altíssima; muita gente ganha o pão da vida vivendo do câmbio negro do Mercado negro.

Devo acrescentar que uma parte do problema foi que levasse cheque de viagem em dólar. Falaram-me "Só os bobos fazem isso – o câmbio é muito menos favorável." Mas, por outro lado, havia momentos quando podia trocar bem até em hotel (me lembro do Novo Mundo em Flamengo) e não me arriscar na rua. Sempre pensei neste cenário: a gente, turista óbvio, trocando na fila de um banco, este com grandes janelas de vidro dando para a rua, cada ladrão e assaltante em frente do banco, vendo tudo e esperando o gringo sair! Ra. Melhor, menos no balcão do hotel!

# A PESQUISA – MUDANÇAS NA CASA DE RUI BARBOSA

O objeto principal da pesquisa desta vez foi investigar e ler os originais do poeta Baiano Cuíca de Santo Amaro, tais poemas estando no acervo da Casa de Rui Barbosa no Rio de Janeiro, lugar familiar a mim desde os estágios de 1966-1967, 1969, e um pouco em 1973. A biblioteca já ficava no novo Centro de Pesquisas, novo prédio moderno de aço e vidro, que ficava atrás do jardim lindo da Casa (contarei mais disso e da repartição pública no Brasil adiante); o Professor Adriano Kury era o chefe da seção de Filologia, Sebastião Nunes Batista de tempo integral na parte de cordel, e o jovem Marco Antônio Nedu também, além de Sérgio Pachá na parte da Filologia, este que veria depois na Califórnia. Trataram-me muito bem todos, incluindo o Professor Kury e Homero Senna o Chefe de todo o Centro.

Um aparte – Marco Antônio Nedu falou da grande ironia que a literatura popular em verso, ou seja, o cordel, coisa tão "feia e desprezada," ficasse na grande Casa de Rui Barbosa, lugar "esnobe" de cultura brasileira! E, ironicamente, que realmente acrescentasse prestígio à Casa. Opinião minha: a turma de Manuel Cavalcanti Proença, Orígenes Lessa, Manoel Diégues Júnior, e o Thiers Martins não eram tão bobos no empreendimento em que lançaram com o cordel no fim dos anos 1950 e a década dos 1960.

Mas, na Seção do Cordel, as coisas iam bem, a safra boa – mais publicações, antologias, catálogos e um importante volume de estudos de 1973. Seriam os anos depois que seriam menos produtivos para a Casa, isso devido a perene falta de verba. O meu estudo sobre Jorge Amado e a Literatura de Cordel, já foi revisado e corrigido; "Devia sair em 1979 junto com uma dissertação francesa". Ra Ra. Mas, os velhos amigos empregados na Casa de 1966-67, haviam todos idos – Armando, Ana Maria, Kik, Alice.

No dia a dia, consultava o acervo principalmente para os folhetos do Baiano Cuíca de Santo Amaro e estava ótimo ter Sebastião Nunes Batista na mesma sala, sempre pronto a responder a perguntas minhas sobre o cordel, o Cuíca, e problemas de linguagem e interpretação.

Simpática foi a hora do almoço em um pequeno restaurante em frente da casa – sempre o prato do dia por US $1.50 – filé de peru, arroz e feijão, batata frita, salada de legumes, salada de fruta, cafezinho. Foi aí um dia que Marco Antônio comentou que eu devia "estar extremamente exausto", alusão a ser "gringo simpático, não feio, com dólar" e essas mesmas mulheres faladas pelo motorista de táxi me cercando. Pois, infelizmente, ou felizmente, não era assim. Devido a um código moral tradicionalmente católico, norte-americano, fiquei sempre fiel à esposa. Mas, isso não quer dizer que não apreciasse a paisagem feminina carioca. A calça apertada, os decotes atraentes e mesmo a beleza "delas" não me escapavam. Hoje em dia, penso, "Fui besta"? Em compensação, o casamento ainda vai bem, e não cheguei a pegar nenhuma doença venérea que estava "solta na rua" naqueles anos.

# REPARTIÇÃO PÚBLICA

Fim de contas, a Casa de Rui, apesar da fama, era e é repartição pública, e, com a "síndrome" da mesma, do funcionário público; e, além disso, com o "problema" que o Presidente Jânio Quadros tentara resolver em 1960, isso num regime brevíssimo e cheio de tensões. Pois, o "sistema" criticado pelo saudoso Jânio tem aplicação na Casa de Rui. Ao chegar ao trabalho, cada funcionário tem que assinar o "livro de ponto". Muitos chegam atrasados da hora, saem cedo, e tomam "descansos" longos. Falta bom equipamento de escritório; só vi velhas máquinas de escrever. E faltavam até estantes para os livros ("Vão chegar, mas, demora," alguém disse). Cada funcionário tem um projeto a fazer, mas, ninguém parece estar com pressa a terminá-lo. A razão: há uma falta crónica de verba, verba para publicações. "Tudo está parado". Acontece que a nova Fundação Casa de Rui gastou todo o orçamento no prédio novo mesmo, e, não resta dinheiro para as operações básicas. Mas, o prédio é bonito, estilo "novo" brasileiro – de concreto, aço e vidro. Tem três andares e porão: os três dedicados a Direito, Rui Barbosa e Filologia. Marco me contou que o salário é pequeno e não há futuro ali dentro; vê tudo como temporário. Professor Adriano, diretor da seção de Filologia, leciona na Universidade de Santa Úrsula, mesmo admitindo que a Filologia "tradicional" já é "passé" na maior parte das faculdades. Ganha a vida dando aulas particulares de Português (é considerado um dos grandes mestres do Rio de Janeiro), aulas principalmente para jovens ricos que têm que passar o exame de Português para entrar no Itamaratí. Tem um récord incrível dos alunos seus que têm êxito no famoso exame.

Há um novo serviço de telefone, dos mais modernos existentes, mas, ou ninguém sabe usá-lo ou mesmo não funciona.

Aparte: uma funcionária, em conversa breve com a gente, opinava sobre Pelé e sua esposa branca, "aquele nego sujo"!

E, houve o inevitável tipo – uma espécie de "mensageiro" – homem altamente "feminina". Todos pareciam aceitá-lo como "uma das meninas" e houve uma bela festa de aniversário em sua honra em uma tarde. Sempre achei o Brasil muito mais "avançado" nesse assunto que os Estados Unidos, circa 1978.

Sebastião Nunes Batista - Amigo, Mentor e Cicerone no Rio em 1978

Sebastião já está aposentado (com pequena aposentadoria) do serviço do Ministério da Fazenda e está de tempo integral na Casa de Rui, resultado da tremenda persistência de estudar de noite durante cinco anos na faculdade, agora formado em Letras. Falou, por casualidade, que em cinco anos na universidade, nunca chegou a conhecer o catedrático, acho o famoso Afrânio Coutinho. Pois é. Foi o sistema – todos os catedráticos sempre mandavam seus assistentes a dar as aulas. Por outro lado, foi o "pistolão" do já finado Professor Thiers Martins Moreira, que "encaminhou" Sebastião, o encorajou, e através dele, Sebastião pôde entrar na faculdade.

Como bom nordestino, Sebastião ainda pensa voltar "ao Norte", neste caso a João Pessoa, cidade oriunda dele, mas, o emprego o mantem no Rio. Está desquitado da esposa; ela e os dois filhos moram em Brasília. Dá-se bem com todos, mas simplesmente "não agüentou morar com aquela mulher". Falou que o apartamento na Glória, já com a inflação constante no Brasil, vale dez vezes mais do que ele pagou.

As raízes de Sebastião, em quanto à poesia folclórica, o cantador e a literatura popular em verso, são das melhores. Parente de famosos cantadores de viola, e filho de um grande pioneiro da literatura de cordel, Francisco das Chagas Batista, contemporâneo e colega de Leandro Gomes de Barros, Sebastião tem família "por todo o Brasil". E, é uma "enciclopédia" ambulante da literatura de cordel.

Sebastião saíra da Paraíba em 1941; daí passou dois ou três anos na Bahia durante a Guerra, uns anos depois em Minas Gerais, e logo no Rio de Janeiro. (Fez-me lembrar um pouco das próprias aventuras de meu pai em 1925, a viagem de motocicleta ao Oeste dos Estados Unidos na qual trabalhou em uma pequena granja de verduras, em uma fazenda de gado leiteiro e mais interessante, dirigiu uma máquina de colheita de trigo atracada por nada menos de 36 cavalos!) Em um momento Sebastião trabalhava em uma fazenda, fingindo ter conhecimentos veterinários. Trabalhou de funcionário público no Ministério de Agricultura durante 30 anos.

Contou anedotas da Feira de São Cristóvão onde era o "homem das cartas" durante vários anos. Escreveria cartas para os matutos, no estilo das "correspondências amorosas" do cordel. Tinha um conhecimento enciclopédico da vida folclórica-popular devido não só às suas raízes, mas realmente viveu aquela realidade. Conheci Sebastião nos anos 1960 e estive com ele em anos variáveis até sua morte em 1981 (morreu no "serviço", de um enfarte dando conferência sobre o cordel em Sergipe.) Era simples, honesto e bom amigo meu no Brasil.

# SEBASTIÃO NUNES BATISTA E O ESPIRITISMO

Um dia, durante o almoço, Sebastião entrou em outro assunto inesperado. Falou-me do espiritismo brasileiro, dando verdadeira aula no assunto. A família era tradicionalmente Católica, mas, hoje em dia, são ou Batistas ou Espíritas. Ele acredita tanto no Kardecismo e na Umbanda, o primeiro tal como visto no "Livro dos Espíritos". Reduz-se a uma crença na Reencarnação; o espírito de um falecido pode ser "chamado" pelo médium, assim "se comunicando" com os crentes que pedem isso. Sebastião assiste a duas sessões diferentes: uma Espiritista, e outra, da Umbanda. Acredita nos dois (e falamos aqui de um intelectual brasileiro de alto raciocínio), comentando que os dois se derivam em parte, do Catolicismo.

O centro aonde freqüentava Sebastião era em uma casa velha em Flamengo. O chão era de madeira velha, as paredes tinham flechas indígenas e arcos, um tocado estilo "Comanche" dos EUA, imagens de santos católicos, um altar com várias imagens, e retratos de santos, incluindo os "pretos velhos". O pessoal que assistia parecia ser de classe humilde. Ao entrar, a gente topava com um velhinho baixinho que recolhia as "preces", ou pedidos de oração escritos em papelzinho. Depois houve a "defumação" ou purificação de fumaça sobre eles que iam receber ou se comunicar com os santos. (Com olhos bem abertos testemunhei esse "outro mundo", surpreso a ver Sebastião no meio dele; ele até me encorajava fazer uma prece e entrar no processo.) Por insegurança, mas também pelo velho regulamento católico, não aceitei, me desculpando ao amigo.

(Acontece que a família inteira da pensão em Copacabana é espírita, mas, do tipo Quimbanda, e misturado com religião do Oriente, uma confusão de coisas.)

O nome do Centro é "Centro Espírito Cruz do Oxalá [Jesus]. Eis os eventos daquela noite:

1. O canto de defumação: limpar o ambiente dos espíritos negativos; i.e. Exú, para deixar os outros espíritos entrarem. Limpar primeiro os médiuns.
2. Defumação das pessoas presentes: preparar o ambiente.

3. Canto de invocação (ao Oxóssi, Xangô, Iemanjá, Cosme e Damião; estes os Orixás mencionados). Depois chamar os caboclos ou santos indígenas: Mirambá, a cabocla Jurema (Índia), a Estrela Guia (a estrela que guiou os Reis Magos ao Cristo neném).

4. O santo "chefe" deste terreiro se chama "Caboclo Mirambá".

5. Cada médium aí vai ao altar, toca-o gentilmente com a cabeça, sinal de respeito e confirmação de sua fé. Aí o espírito toma possessão do médium quem faz sons sussurrantes, grunhir; e às vezes há um efeito que sacode a pessoa – esta é a "incorporação" violenta quando o espírito toma posse do médium. Também há o estalar de dedos quando o espírito incorporado no médium limpa ritualmente o "aura" de uma pessoa-participante com prece, assim "limpando emanações negativas" que a pessoa talvez tivesse absorvido antes. Usam-se charutos e sua fumaça nesta "limpeza de aura". Um médium limpa outro. Aí o público é deixado entrar; cada pessoa com um número (a prece que escrevera antes na noite.)

O número também dá direito ao público a "tomar passe", em outras palavras, se comunicar com o espírito. O processo foi mais ou menos assim: o médium se junta à pessoa. Há a "saudação," ou seja, o abraço quando se saúdam, a limpeza da pessoa por meio do estalar de dedos do médium. O médium ai, já possuído pelo espírito, pede que Deus ou outro espírito sare a pessoa ou cumpra com seu pedido.

Sebastião diz se uma pessoa do público tem medo durante a sessão talvez indique que tenha "mediunidade" ou a capacidade a receber o espírito e ser médium (ó rapaz, foi assim meu caso?). Falou de coisas que acontecem durante a sessão espírita: uma copa de água virada, letras do alfabeto misturadas; três ou quatro pessoas colocam os dedos encima de um copo e o copo se vibra e se move. Diz o cicerone que todas estas coisas são o resultado de espíritos negativos. Diz que é preciso ter um médium a guiar em tais coisas.

Neste Centro, sexta-feira é "Dia da Mesa" (noite de Espiritismo Kardecista); segunda é "dia de passe" ou espiritismo caboclo; quinta é a noite dos Pretos Velhos (espíritos de escravos africanos). Assim terminou a noite e a explicação. Tudo muito calmo, e outra "aula" dada pelo mestre Sebastião, meu cicerone no Rio naqueles tempos.

# A VOLTA À FEIRA DE SÃO CRISTÓVÃO, MEU PONTO DE CORDEL NO GRANDE RIO

16 de julho, 1978. Tudo começou em Copacabana com uma espera longa pelo ônibus # 474 – Jardim de Alah - Jacaré para me levar à Zona Norte. Ventava bastante nos canhões entre os arranha-céus de Copacabana. É o momento mais calmo da semana em Copacabana, domingo de manhã, e a hora antes de todos irem para a praia. Todos menos os "cabeças chatas", termo pejorativo que o sulista dá ao nortista ou nordestino (junto com vários outros como "pau de arara", "matuto" "caipira" e o tal).

Ao fim o ônibus chegou a minha parada, já lotado e com um grupo barulhento de jovens nordestinos na parte traseira do veículo, todos eles indo à feira, a principal diversão da semana. O cobrador (penso no folheto de cordel de Mocó sobre o motorista e cobrador de ônibus no Rio e sua vida difícil) gritando ao chegar a cada parada "tá vazio, tá vazio", embora já ande totalmente lotado o ônibus. Um passageiro velho já xingava ao motorista e ao cobrador por deixarem tanta gente entrar. Uma virada ou curva mesmo mínima causou o ônibus sobrelotado a virar perigosamente (Disse aos botões: "This is like a carnival ride in the U.S."). Realmente, parecia que íamos nos virar. Rezava minhas preces católicas em todo o caminho ao centro da cidade, especialmente nas curvas do Aterro entre Botafogo e o centro. Havia muita mudança desde a última viagem em 1973 – há mais estradas com quatro pistas; mais viadutos; toda a Avenida Getúlio Vargas no centro está em obras para o Metrô novo, daí os ônibus são desviados a ruas pequenas e pobres.

Da beleza das praias, os parques e os arranha-céus da Zona Sul, depois do Centro o ônibus passa por favelas, fábricas, estradas em obras e em geral, a feiura da cidade. Mas, "a beleza está nos olhos de quem vê" – da distância as casas pintadas de cores primárias das favelas quase se parecem com um quadro de arte abstrata. E o Corcovado reina em cima de tudo, muito pitoresco.

O pessoal no ônibus era maiormente preto, mulato, pobre, barulhento, muitos já bêbados, grosseiros e, francamente, assustadores (pensava eu em Recife e os mercados nordestinos). Um deles, subindo na porta de atrás, espiando-me e já sabendo que era "turista típico", falou ao cobrador "ele pagará". Recusei e felizmente, todos riram da "piada".

A feira, em 1978, é gigantesca e rodeia o pavilhão de São Cristóvão, centenas de barracas e uma multidão de gente. Sebastião acredita que é a feira nordestina maior do Brasil menos a de Caruaru. As barracas são de madeira, com a lona como teto. Vimos barracas de comidas – milho cozido, caldo de cana, carne no espeto, farinha, fumo de rolo, frutas intermináveis, legumes, e muitas barracas para "lanches". Havia muita fumaça no ar, resultado do cozinhar sob brasas nas barracas. Havia também a parte da feira com roupa, sapatos, conserto de sapatos, e toda maneira de bugigangas. Havia homenzinhos vendendo ou trocando relógios. Mas, o pior, foi o barulho tremendo dos sistemas de som dos cafés de forró (saí da feira com uma dor de cabeça terrível. Havia muitos conjuntos nordestinos ao lado do pavilhão.)

Mas, o principal foi o pesquisador à cata de poetas e poemas de cordel. Acho que vi mais, esta vez, em 1978, do que antes ou depois nos estágios do Rio. Vi quarto barracas diferentes de cordel, e havia folheteiros avulsos.

O poeta de mais sucesso parece ser "Azulão", o conhecido de tempos antes, a primeira vez em 1966 e 1967. Avistei-o cantando "Rufino o Rei do Barulho" frente um publico grande e atento. Usa agora óculos espessos, bifocais, pega o folheto na mão, somente talvez três polegadas dos olhos (problema de visto), canta em um pequeno microfone coberto de um lenço branco, vestido de camisa branca e uma estreita gravata preta, a barba bem feita. O sistema de som é eficiente e barulhento (para fazer concorrência com o forró), o alto falante pego a uma árvore com cordão. Controla – o com uma pequena caixa preta, tudo parece ser velho e muito bem usado.

Cantou sempre fazendo apartes, comentários sobre o próprio poema, fazendo piadas sobre o que já acontecia, o que talvez fosse acontecer. O poema é do ciclo dos valentes – o público consistindo quase todo em homens rindo e gozando quando o herói vence os inimigos. Em intervalos ou pausas, Azulão e um assistente vendiam exemplares do poema que lia e as vendas eram boas; o poema chegou a esgotar-se! (Sebastião opina que o cordel aqui na Feira, longe de desaparecer como temem os estudiosos, é de fato, próspero.) Acompanhei o "performance" com um folheto aberto na mão, assim, seguindo facilmente o enredo (algo talvez não possível se não tivesse o texto na mão, isso devido a problemas de ouvido e o barulho tremendo que cercava tudo). Achei interessante que todos comprassem o folheto a pesar do fato que podiam ouvi-lo tudo recitado ou cantado; mostra que gostaram da história e queriam levar para casa.

Logo, Azulão cantou mais uma história, de 32 páginas, da Editorial Luzeiro. O preço para o povo não era de banana, folheto de 8 páginas por 30 centavos US, 16 páginas 48 centavos US, e 32 páginas da Luzeiro, 60 centavos (longe do preço de mais ou menos 5 centavos US para um folheto de oito páginas nos anos 60). Os poetas culpam o aumento ao custo de imprimir nas gráficas.

Imediatamente à esquerda de Azulão havia a barraca de um velho poeta que diz ser o primeiro a freqüentar a feira nesta praça. Sebastião diz que o velhinho tem 45 anos de vir para São Cristóvão. Mas, hoje foi um caso triste – não podia concorrer com Azulão, primeiro pela falta de sistema de som, e depois, pelo carisma deste. É oriundo da Paraíba (60-80 por cento do pessoal do cordel compartilham este fato). Velho, quase sem dentes, difícil me comunicar com ele porque há um conjunto nordestino (de forró) imediatamente atrás de sua barraca. E Azulão acaba de aumentar o volume no seu sistema. O velho tentou "cantar" um folheto, mas desistiu, exasperado. Sebastião fala que a feira, hoje em dia, sofre muito de "poluição de barulho".

Logo, fomos à barraca de Apolônio Alves dos Santos; estaria com ele bastante em anos futuros (a ser comentado depois). Parecia jovem, muito simpático, na casa dos 40, fazendo bom negócio. Falou que apreciara minha carta (do "estudo" de 1970?)

Encerramos na barraca de um homem de nome de Severino. Vendia os folhetos e romances da Tipografia de São Francisco em Juazeiro do Norte, e outros do Nordeste (nada de Luzeiro). Era grisalho, gordo, com bigode, mas com "muletas" devido a uma perna "ruim". Queixou-se de haver sido roubado na feira a semana anterior, perdendo todos os documentos e a polícia "não fazendo nada". Tinha grandes maços de folhetos do nordeste, uma boa seleção.

# CHURRASCARIA NA ZONA
# NORTE DEPOIS DA FEIRA

Depois do tempo na feira, o amigo Sebastião e eu almoçamos em uma churrascaria perto da feira. Trazem como 10 pratos de legumes: couve-flor, beterraba, feijão, cebola, cenouras, aipim. Logo vem espaguete, batata frita e arroz. A gente é literalmente "cercada" de comida na mesa. A carne vem por garçons ágeis com o espeto com a carne em uma mão, uma faca de assustar na outra. Porco, galeto, lombo de boi, etc. A carne estava boa, mas não tão boa como já conhecia em churrascarias na Zona Sul. Saboreávamos alguns cortes como bife, outros como "rosbife", mas, com mais gordura. Mas, vale pelo preço bom - $7.20! Há de sentar-se imóvel a evitar a perda de uma orelha ou o nariz à faca do garçom: cada cinco minutos, parece, colocam um espeto novo no prato e "zaz" cortam um pedaço.

Mais uma vez, fiquei admirado a ver a capacidade dos brasileiros a engolir a refeição toda, como se fosse sua última refeição na vida e com só cinco minutos a devorá-la antes da chegada do "verdugo" da câmara de gás ou a cadeia elétrica (melhor dito, nesse caso, a "guilhotine".) Só vendo. E é de notar a agilidade e talento do brasileiro com o palito depois da refeição (há paliteiro em cada mesa). Por falar disso, o gringo sempre se engana, pensando que o paliteiro é o saleiro. Vira o negócio e, "zaz", topa com cem palitos na mesa e no chão. O costume não faz mal; realmente é bom fazer um bom serviço nos dentes, mas sempre com muita discrição – o freguês ou a freguesa usa o guardanapo ou a mão cobrindo a boca, ou ate a toalha de mesa! A diversão é ver os olhos dos fregueses em quanto movem o palito debaixo do guardanapo. (Fazia eu uma imitação hilariante disso durante anos nas aulas de português para principiantes, assim explicando "os mores sociais" dos brasileiros.) O máximo foi uma vez, só uma vez, quando vi um senhor tirar o fio dental da jaqueta e fazer uma limpeza de área! Os garçons me fizeram pensar de urubus atarefados, "voando" sobre a mesa.

Depois, durante uma espera longa para o ônibus, levei um susto. Em um bar ao lado da churrascaria, havia muitos tipos de morro bebendo Brahma das garrafas grandes, tocando berimbau e cantando. Muito folclórico achei, e, tentei tirar uma foto da cena. Pediram uma foto do grupo e uma rodada de cerveja. Acontece que tivera que tomar emprestado doze dólares de Sebastião para o almoço e estava liso. Murmurei uma desculpa e demos o fora. Nunca achei tal foto depois. (Espero que quem leia isto aprecie até que ponto vai o "folclorista" a pegar material. Mas, logo, pensei trocar a pesquisa de campo por "ciência bibliotecária" ou algo parecido.)

# MOMENTOS: NOVIDADES NO CENTRO

Na volta passamos pelo grande e novo prédio da Petrobrás, arranha-céu lindo e atrevido de arquitetura. Aço e vidro. E a nova catedral do Rio – um negócio que me parecia uma versão gigantesca da cápsula de espaço Mercury de John Glenn. Logo, um cafezinho "no melhor lugar do Rio" segundo o cicerone Sebastião, nove centavos US (mas cem por cento mais do que em 1973).

# SEBASTIÃO NUNES BATISTA NA CINELÂNDIA

A Cinelândia tem forma e feição nova desde 1973. É uma praça linda com calçada de mosaico. Mas o triste e que já fosse nivelado o velho Senado, prédio lindo do estilo neoclássico do velho Rio. O Teatro Municipal também ficou remodelado. Há cafés abertos na calçada, e uma vista linda do Monumento das Forças Armadas da Segunda Guerra Mundial, e, logo o Pão de Açúcar. O público parecia de classe média, e o ambiente de praças e cafés na Europa. A gente se sente cercado de história, com o teatro, a Biblioteca Nacional, museus nacionais de arte, e a nova Academia de Letras.

Pois, naquele lugar por casualidade cheguei a conhecer Nelson Pereira dos Santos, o grande cineasta do Cinema Novo, e diretor, se não me engano, de "Vidas Secas" e vários outros filmes baseados em obras importantes da literatura brasileira como "Memórias do Cárcere," "Jubiabá", "Tenda dos Milagres" e "A Terceira Margem do Rio"." Era o homem bom amigo do Sebastião. Devo acrescentar que todo o dito sobre a Cinelândia é aplicado a uma visita durante o dia. A feição muda muito na noite; coisa que deixo à imaginação do leitor.

# OUTROS MOMENTOS DE 1978

## O Banheiro da FUNARTE

Trata-se do banheiro da FUNARTE (Fundação Nacional das Artes) no centro do Rio. Naquele então o Instituto Nacional do Folclore, sucessor da Campanha de Defesa do Folclore (onde fiz a primeira pesquisa no Rio em 1967) dos anos 1960, era no prédio, a FUNARTE então sendo chefiada por Manoel Diégues Júnior, o filho Cacá Diégues de fama de cinema nacional.

O urinol (ou os urinóis) devia ser de seis pés de altura, quase dando para tomar um passo para diante e entrar nele! O maior e o mais branco de todo Brasil! Com uma limpeza espetacular. Havia senhoras baixinhas em toda parte, prontas a manter a limpeza do lugar, e, isso, independentemente dos homens que talvez estivessem aí dentro para certas necessidades. Por que falo disso? Pensando no título famoso do livro de um sociólogo famoso no Brasil, Roger Bastide se não me engano, "Os Dois Brasis", faço contraste com o "mictório" de pé sujo, ubíquo no Brasil e esta maravilha na FUNARTE. E também lembro, em termos gerais, da situação de banheiros públicos para os turistas naquela época. Foi um contraste chocante.

Portanto, andei muito na FUNARTE (à parte do banheiro) devido a sua relação ao folclore e o cordel, com o Instituto Nacional do Folclore já com espaço nela. O diretor no momento era Bráulio do Nascimento, conhecido, e até certo ponto, colega do ramo. Depois, eu leria folhetos sobre Cuíca de Santo Amaro na coleção da FUNARTE e na Biblioteca Nacional e na Casa de Rui.

Aparte: O famoso Palácio do Catete onde Getúlio Vargas se suicidou, localizado no bairro velho de Flamengo, está sendo remodelado, mas, eventualmente terá uma parte ou espaço para O Instituto Nacional do Folclore e um acervo de cordel (que é bom; consultei-o em outra ocasião). É irônico: um prédio tão famoso, histórico ser lugar de algo tão insignificante ao público geral – o cordel. Bráulio me tratou bem, dando-me livros, LPs (um de cantorias de Azulão) e cartazes. O Instituto (na FUNARTE) não publica sobre cordel – isso porque a Casa de Ruy Barbosa e a Universidade Federal da Bahia o fazem. Pelo menos, assim Bráulio falou.

# Catedráticos e Especialização

A especialização no mundo acadêmico brasileiro é impressionante. Contaram-me o pessoal da Casa de Rui que o linguista ou filólogo não dá muita bola à literatura, e vice-versa. E há especialistas de gênero, na literatura, a dicotomia maior sendo entre especialistas da Península (Portugal e Camões) e o Brasil. Não quer dizer que o intelectual não seja de uma leitura vasta, mas, dão a impressão que há linhas muito estritas em quanto a obrigações do mesmo.

# O "Frescão"

O "frescão" fica entre as novidades nesses anos desde a última visita em 1973. Refiro-me ao ônibus muito grande, estilo "Greyhound" dos EUA, que se pode apanhar em Leblon e ir até o aeroporto, longe na Ilha do Governador na zona norte do Rio de Janeiro. É de luxo, com sistema de som com "Musak" e um sistema de ar que pode congelar a água. Notei que os fregueses eram tipos "suits" do mundo de negócios, ou talvez, do governo, com manga comprida de camisa branca, gravata, paletó ou terno. E havia três empregados – o motorista, a fiscalização (antigo cobrador) e a "Moça", estilo moça aérea que vende e recolhe passagens. Sai bastante mais caro que o ônibus "normal", mas, é extremamente cómodo. Isso é, se não andas como gente de rua, ou turista Americano, isso é, com camisa de manga curta e roupa de verão.

# Congresso de Literatura na Universidade Estadual do Rio de Janeiro

A Universidade Estadual do Rio de Janeiro é gigantesca. Fui por ônibus, o passeio lindo por Copacabana, Botafogo com os barquinhos, a pedra da Urca, Pão de Açúcar, praia de Flamengo, e o aterro a beira das praias, a Presidente Vargas no Centro, e o estádio de Maracanã. É interessante avistar o cais perto da velha Praça Mauá com os grandes cargueiros antes de passar para a Zona Norte. Como falei em outra página, a Avenida Presidente Vargas está totalmente sob construção, isso para o novo metrô; mas devia ter 15 pistas de tráfego cerca da Igreja da Candelária.

A zona norte, com os morros que se avistam pela nuvem de poluição, favelas coloridas como quadro cubista, e o Corcovado na distância completavam o cenário.

O congresso esse era semelhante ao já descrito de 1973 quando participei. O auditório era bonito e grande, com a plateia lotada. Davam-se conferências, palestras e tudo com debate. Notei a linguagem formal: "Convido à mesa o ilustre…" ou "O ilustre… tem a palavra" ou "Dou a palavra ao ilustre…." Mais uma vez, estou admirado ao observar o intelectual brasileiro de Letras; me parecia como um gato se "mostrando" ou uma arara mostrando as penas. Escrevo disso tudo, não para fazer uma crítica, mas só para contrastar o cenário realmente "pobre" de um congresso parecido nos EUA. Havia muitas figuras assim, mas, uma em particular, chamou a atenção – Leodegário de Azevedo Filho (descrito na ocasião do congresso de 1973 também). Luzia um terno imaculado, camisa branca de manga larga com "abotoadoras", gravata esplêndida, e certa arrogância orgulhosa (perdoe o barroquismo). Entrega suas palavras de sabedoria à plateia, "bebendo" sua admiração e aplauso. Este senhor era o chefe da mesa, mas a "estrela" do dia era Eduardo Portela da UFRJ e atual Ministro de Educação do país.

O tema foi Jorge Amado. Era de admirar a mestria e comando da língua portuguesa por Portela e outros "Manda Chuvas" do mundo literário - acadêmico: a oração, a peroração, a pronúncia perfeita, os "giros linguísticos" e as "imagens poéticas". Tudo parecia poesia em prosa. Portela falou de modo "global" da obra total de Amado, em um estilo eclético. (Não tenho certeza, mas, o estilo florido também pudesse haver um toque de "se mostrar". Depois houve dois debatedores que deviam comentar o já dito por Portela – obviamente professores assistentes, por coincidência mulheres. É bom lembrar que estão comentando sobre o MINISTRO DE EDUCACAO DO BRASIL TODO, por coincidência despedido do posto uns meses depois por "ineficiência". Daí, os comentários foram pura bajulação. Mas, que experiência testemunhar tudo! Como falei, seja estilo, seja filosofia, sejam os costumes acadêmicos, NADA no mundo acadêmico nos EUA chega a isso!

## Rick's

Esta versão brasileira de "Comida Rápida" é ubíqua em 1978 no Brasil, mas, ao modo brasileiro – pratos "à viagem". O lugar é eficiente além dos sonhos mais extravagantes no Brasil com preços razoáveis e também assim a comida.

## Reencontro com Vicente Salles

Vicente data dos anos 1966-67 na Campanha Nacional de Defesa do Folclore, em frente ao prédio do arquiteto Corbusier, no centro do Rio; Vicente foi responsável por minha primeira publicação no Brasil, um artigo em 1969 pela velha e respeitada "Revista Brasileira de Folclore". Ele, agora em 1978, é representante de Manoel Diégues Júnior e FUNARTE em Brasília. Será editor futuro da grande revista CULTURA em Brasília. Em outra ocasião, não lembro quando, fui convidado a jantar em sua casa com a bela esposa, violinista na orquestra sinfônica do Rio de Janeiro. Vicente depois sofreria um enfarte, sobreviveu graças a deus, mas, admitiu-me que tomava mais de 20 cafezinhos por dia antes do enfarte! Seria premiado por uma das grandes obras sobre a literatura popular em verso, sobre o cordel da Editorial Guajarina em Belém (Vicente é Paraense e teve acesso a coleções velhas deste tipo de cordel.)

Depois deste encontro breve com Vicente, conheci Raul Lody, folclorista do Rio, que até hoje tem o melhor estudo, poesia em prosa, sobre a Feira de São Cristóvão do Rio.

## Pintando a Biblioteca Nacional

Nesses dias fazia pesquisa eu no centro. Um dia, enquanto tomava o café da manhã em Rick's, em frente do prédio da FUNARTE e a Biblioteca Nacional, vi uma cena inesquecível. Para mim, é o epitome do famoso jeito brasileiro. Durante 30 minutos, vi o seguinte: uns homens pintavam a Biblioteca Nacional. "Pendurados" de "andaimes" do teto do prédio pintavam a parede exterior. Mas, devido ao plano do prédio, havia partes "indented" nas paredes. Não podendo alcançar essas partes, simplesmente fizeram que o andaime, pendurado de cordões do teto, balançasse em uma moção regular, para dentro, para fora, etc. E, daí, com aquele ritmo de para diante e para trás, cada vez que chegavam para dentro, "whoosh" "whoosh" pintavam um par de vezes com as escovas. Parecia-me tempo de valsa: Ta ta ta TA DA, pinta-pinta, pinta-pinta; TA TA TA DA DA, TA DA, TA DA, pinta-pinta, pinta-pinta. Até os pintadores de prédios no Rio são artistas!

## Turismo no Rio

Pegando ônibus à Praça Mauá, caminhei ao velho Mosteiro de São Bento, uma das igrejas coloniais mais importantes do Brasil. Foi fundado em 1590 por nobres em um terreno grande no centro do Rio e logo doado à Ordem Benedita; os primeiros frades vieram do Mosteiro do mesmo nome em Salvador. O trabalho da construção foi feito por escravos e o estilo original arquitetônico era o "Maneirista" da época em Portugal. O interior todo é talha dourada feita nos anos seguintes, assim a Igreja com dotes do barroco e rococó. A beleza de fato é de maravilhar!

Foi a segunda vez que visitei o Mosteiro; a primeira era de notar e foi o seguinte: na pensão em Copacabana em 1967 a viúva e filha que eram donos tinham amizade com um dos frades do Mosteiro. Conseguiram para mim uma visita particular que não só incluiu um "tour" da bela igreja, mas, depois, o favor de assistir ao almoço "normal" dos frades no refeitório com comida gostosa acompanhada pelo silêncio total, menos a leitura do Evangelho por um frade em frente de todos. Foi a única vez na vida que tive tal experiência. Estou grato à viúva, a sua filha e ao amigo Beneditino.

Depois fui à Candelária feita de 1775 até o fim do Século XIX. A origem da Igreja é um conto interessante. No século XVI um barco espanhol quase que se fundiu no mar ao leste do Brasil e quando foi salvo os marinheiros espanhóis quiseram construir uma capela em agradecimento ao evento; assim surgiu A Capela de Nossa Senhora da Candelária em 1609, o nome do barco sendo "Candelaria."

Já em necessidade de reparos, a igreja presente foi começada em 1775 e foi inaugurada pelo Rei João VI de Portugal devido à presença da família real portuguesa, os Bragança, por causa da invasão de Napoleão em Portugal e Espanha. O filho do mesmo rei depois ficou no Brasil, estabelecendo o Império até 1880 quando a monarquia foi quitada do Brasil. O estilo interior, pois, daí é Neoclássico. Não sendo nada perito nestas coisas de arquitetura, só posso dizer que pelo gosto pessoal, O São Bento realmente é belíssimo e nem se compara com A Candelaria.

Para mim foi um evento mais recente que marcou a Igreja de importância: o massacre de pivetes de rua pelo "esquadrão da morte" no dia 23 de julho de 1993, evento reportado em toda a imprensa nacional e até o cordel.

Nesta visita de 1978 havia linda música de órgão, mas, não se podia nem ouvir as palavras do padre que celebrava a missa; daí parecia-me espécie de "filme silencioso" dos anos 1920.

Logo, caminhei à Praça 15 e a velha Catedral Metropolitana onde Dom Pedro I foi coroado Imperador do Brasil em 1822. Depois fui à Igreja do Carmo com o altar total de prata, por coincidência a igreja de casamento dos amigos Henrique e Cristina Kerti.

Logo, fui às barcas a Niterói e o passeio foi divertido apesar de andar sozinho. Brisa fresca, desde a barca vimos a nova ponte Rio-Niterói (lembro-me da crônica de Fernando Veríssimo sobre a peonagem e o troco de doces, hilariante)! Estava em serviço o novo barco "hydrofoil" que atravessava a baia muito rápido mas sem a "graça" das barcas velhas de passageiros. Havia grandes cargueiros de alto mar na baia e muitas gaivotas. Fiz a ida e volta a Niterói, um bom passeio.

Outro dia. Esta vez o turismo foi na Igreja Nossa Senhora da Glória localizada no Outeiro da Glória, realmente "um postal" da cidade pela beleza do lugar. De forma poligonal, como Nossa Senhora da Conceição em Salvador, e em estilo barroco (sempre me fez lembrar igrejas parecidas em Ouro Preto) tinha altares de madeira talhada, mas, sem a pintura de ouro; vê-se só a madeira. O principal – todas as paredes da parte de dentro são cobertas de azulejos vindos de Portugal com cenas mitológicas, a exceção sendo o tema da caça nos azulejos da sacristia. Acontece que a família real Portuguesa teve um amor especial pela igreja e os filhos de Dom Pedro I foram todos batizados nesta igreja. É uma joia do Rio de Janeiro colonial.

Daí caminhei ao Hotel da Glória (onde me hospedei no congresso já falado de 1973), mas, com uma novidade – o hotel foi recém comprado pelos Japoneses; todas as placas estavam em japonês e com funcionários japoneses! Pensei estar em Tóquio! Voltaria muitas vezes através os anos, ignorando os Japoneses e agradecendo o bom gosto deles de manter as salas coloniais!

*Mark J. Curran*

Dia de Praia na Copacabana – "Os Brotinhos" e o Autor

Fui acompanhado à praia por três "brotinhos", ou seja, moças jovens do meu prédio, ah, juventude! Foi a oportunidade de saber das adolescentes cariocas e suas vidas "pra frente". Falaram as mocinhas de estudar inglês, de bons "programas" nos restaurantes, boates e discotecas. O "cenário" da praia se via cada vez mais com mais pele! O fio dental já chegara ao Brasil. O pessoal estava como sardinhas na praia (ver o sentido de espaço diferente no Brasil, algo que já comentei em outro livro e creio importante pelo "movimento" na praia). Por mais gente, melhor!

## "Viver É Muito Perigoso"

Sebastião Nunes Batista me conta hoje da morte de um bom amigo, Rodrigues de Carvalho quem escreveu "Serrote Preto"; o escritor foi atropelado por um carro na loucura do trânsito do Rio, ele na idade de 75 anos. Outro choque mais pessoal seria a morte em 1986 do amigo Rodolfo Coelho Cavalcante na Bahia, também atropelado, não sei se por ônibus, carro ou caminhão. Preocupo-me pela saúde de Sebastião; está sofrendo de marear até o ponto de ter que pegar táxi para casa em vez de ônibus, com medo de desmaiar na rua. É boa pessoa, bom amigo, hospitaleiro, sempre pronto a dar-me dicas e ajudar na pesquisa. E faz um serviço ótimo para a seção de cordel na Casa de Rui Barbosa – trabalhou dois meses sem salário faz dois anos, recolhendo material para a coleção. A falta de verba na Casa continua. Sebastião morreria tempos depois no meio de uma palestra sobre o cordel, se não me engano, em Alagoas. Assim foi que a minha preocupação virou a realidade.

## "Missa do Vaqueiro"

Assisti à peça no auditório da FUNARTE, um momento importante para mim devido à paixão e pesquisa no Nordeste desde 1966. Esses anos de vocação "folclórica" marcaram a vida. A peça tem sua origem na criação do cantador Pedro Bandeira de Juazeiro do Norte junto a um padre local e trata a dramatização de um evento verdadeiro – a morte de um vaqueiro. A apresentação que assisti no Rio foi baseada na gravação, LP, do Quinteto Violado e está adaptada ao palco. Todos os atores estavam vestidos em roupa legítima do vaqueiro nordestino. A peça começou com uma música improvisada por um vaqueiro, parecido à dos cantadores do Nordeste; logo veio "Acauã" de Luís Gonzaga, e mais músicas. O herói, Ramiro Jacó, um vaqueiro que se atreve a fazer uma declaração sobre as condições sociais no Nordeste, é assassinado. O resto da peça é na forma de uma missa folclórica, missa de vaqueiro, com uma lamentação e elogio ao Ramiro.

Para mim, era música linda, emocionante, com letra boa que consegui entender bem. A missa era toda "sertaneja", o padre em vestimenta de couro do vaqueiro, até a Cruz em couro. A instrumentação era de violão de dez cordas, flauta, tambor, triângulo, e sanfona. As vozes do elenco eram fortes, o espírito alto; fizeram que lembrasse o Nordeste. Deu grandes saudades!

## Comentários Inocentes de um Observante "Gringo" sobre a Roupa e Vestimenta Brasileiras em 1978, Isto É, a Vestimenta no Rio.

Achei o que me parecia uma situação de bom gosto. É fácil determinar a classe social do indivíduo pela maneira de vestir, e, até pode determinar o bairro de residência também.

Os Homens.

Andam de camisa esporte de manga curta deixada fora da calça, "jeans" para uso informal, colar aberto e desabotoado, cabelo nem curto nem longo. O uso do bigode foi comum, e se via talvez uma barba crescida, mas muito bem cuidada não era fora do ordinário. Usam sapato fino de couro com os jeans. O jeito é aquele comportamento de macho, tão forte como nunca: o olhar fixado nas mulheres, o falar piropos na rua, o costume do "beijo no ar" nas duas bochechas de mulheres conhecidas (amigas, parentes e o tal). E parecia que todos fumavam.

Comportamento nos pé-sujos: era barulhento, muita conversa e muitas piadas.

No Escritório. Para o trabalho o homem usa terno e o terno mesmo muito humilde se via com certas pessoas. O uso da gravata é requerido se for do mundo de negócios ou a política. E mesmo naquele calor do Rio, estes senhores de negócios ou de governo, usavam camisa branca fina de manga larga, mas, nunca com uma camiseta branca debaixo, costume nos EUA. Isso devia ser pelo costume, mas, terá certamente que ver com o calor e humidade. Na praia: a sunga, pequena, mas, havia muitos trajes de banho, entre eles o estilo "gringo", ou seja, "boxer" ou atlético, talvez para o Cooper na calçada de Copacabana.

As Mulheres

Zona Sul. Roupa esportiva para a ginástica ou até capoeira.

Em geral, as mulheres eram devidamente "sexy", chamativas, e, para o inocente Americano, provocativas. Os blue-jeans, apertadíssimas, de estilo de "designer" de nome famoso se possível, camisetas ou blusas bem apertadas, e se não mostrando decote, sugerindo-a. Upa! Era de admirar o número de moças e mulheres jovens quase "magras" e muito bem-feitas e com seios marcadíssimos. (Eu me pergunto em 2008: foi a chegada de fama de Ivô Pitangui e a indústria do silicone que resultou nisso?) Concluí que só em parte. A mulher brasileira era mais "peituda" ao meu parecer. E, como se diz, neste caso, "o prazer foi meu"!

Não vejo tantas mulheres gordas ou mal cuidadas como nos EUA, mas, acho que há de notar que estamos no Rio de Janeiro, zona sul. E a "maneira de se portar ou caminhar" da moça era 10 +! Sabem que são mulheres, são orgulhosas disso, sabem o que é esperado, e assim, se comportam. Mas, de modo muito natural.

Na praia – não parecia haver tantas tangas como no passado, mas, um biquíni pequeno sim, difícil dizer. Agora bem, Copacabana é invadida no fim de semana por gente da Zona Norte (e haverá mais no futuro com o sistema do Metrô terminado). Não é o gringo com "preconceito de raça" quem diz isso, mas os próprios cariocas da Zona Sul. Preconceito é de quem fala; mas, os cariocas que fogem de Copacabana, Ipanema, e até Leblon e vão longe nos seus carros à Barra. Por quê? O dito. Mas, acho que estou certo – a aparência da moça de zona norte (ou até favela) é marcadamente diferente, até fisicamente, seja a falta de dinheiro para roupa "chic" de praia, seja a maneira de se pintar, ou até a nutrição. Tudo pode ser bobagem por parte minha. E há uma diferença racial: a zona norte é mais como o interior ou litoral do nordeste. Não é mais aquele "ser" de zona sul.

Não posso falar de roupa formal; não tive ocasião de frequentar eventos requerendo o tal. Nos bares e restaurantes dos hotéis de luxo (onde fui ou vou tomar uma cerveja ou caipirinha) é o que é de esperar – roupa de turista. Pensando no Meridien ou Othon Palace. Não sei onde contei ou se mesmo já contei, mas, não devo esquecer-me de um fenômeno interessante da economia brasileira em 1978, a inflação e o Brasil entrando ao Primeiro Mundo – tudo pelo preço da cerveja no bar do sótão do Othon Palace. Ainda me lembro de subir no elevador ao bar ao sótão do Othon, sentar-me ao bar, pedir uma Brahma e pagar 25 centavos – USD. Só um ano ou dois depois, o preço já andava na casa de quarto ou cinco dólares. O Brasil havia entrado no Primeiro Mundo!

Em fim, de modo geral, a zona sul é fiel a sua fama – altamente sofisticada de moda. A carioca me parecia melhor vestida que nunca. Nota-se muita roupa de nome estrangeira, europeia.

## O Momento Atual na Política, Julho de 1978

Há muita fofoca sobre o governo e a política do momento. "Dizem" que o partido da oposição, o MDB, vai sair bem nas próximas eleições estaduais, para o outono de 1978 (e de fato, assim foi). Mas, o candidato oficial do governo para a próxima eleição presidencial (eleições indiretas ainda) é o General João Batista Figueiredo, o candidato do ARENA, já "consagrado" general-presidente futuro. Ainda ouvem-se as vozes de Orestes Quércia, (lembro quando veio aos EUA, VIP, "homem do futuro do Brasil", pago por não sei quem, e acabou em uma visita na ASU no meu escritório!) Ulysses Guimarães e Magalhães Pinto. Mas, todos sabem que é uma farsa esta democracia "suposta". A censura "prévia" já foi embora, mas o ambiente não é de esquecer-se dos generais. (Estas notas de 1978, um tanto inocentes, são o resultado do que ouvia na rua, conversas com amigos, ou mesmo nos jornais. Há falatório que Leonel Brizola quer voltar à casa do exílio, em Uruguai acho). Mas, tudo isso é antes do ambiente de "anistia completa" que virá só em 1980.

## Um Momento – Uma Volta ao Pão de Açúcar

Passaram oito anos desde a última vez que fiz o passeio, aquele com Keah em 1970. Aquele carrinho ou bondinho "folclórico" vermelho, o pequeninho de antes, já foi substituído por um maior, tudo de vidro ou plástico. Tudo melhorou no morro de Urca e logo o Pão de Açúcar mesmo, facilidades mais modernas, uma boate agora no primeiro morro. Mas o que não mudou e está muito pior – a poluição que se vê do sítio. Mas, a vista ainda é aquela - maravilhosa da Cidade Maravilhosa.

# Comportamento de Praia

O pessoal chega, faz um "montezinho" de areia, coloca a esteira de palha em cima, e se deita com a cabeça para o mar (e o sol de manhã). Há um monte de turmas de moças e famílias. Não falta gente se há sol quente mesmo no inverno, isso é, se não faz tempo mau. Temperatura da água – frígida. Ondas altas se há maré. Ainda uma "maravilha" ver as mulheres do Rio de Janeiro!

Na calçada, há muita gente fazendo Cooper, babás com carruagens incríveis, de uniforme branco. E cachorrinhos de todo tipo. Cena inesquecível.

# O Professor Adriano da Gama Kuri

Nascido em Acre, trasladou-se depois ao Rio, depois em Natal onde conheceu a esposa Wilma que era uma de seus estudantes (ela por coincidência sendo um parente do cangaceiro Jesuíno Brilhante) Depois Adriano andou em Brasília onde era professor na "universidade experimental", e finalmente acabou no Rio, na Casa de Rui, na Santa Úrsula, e dando aulas particulares para o exame de português do Itamarati.

## Um Momento de Cordel: Conhecendo e Fazendo Farra com Franklin Maxado e Sebastião Nunes Batista

Foi uma segunda feira. O poeta Franklin Maxado de São Paulo apareceu hoje na Casa de Rui. Vem sempre com folhetos novos para o acervo. Amigo de Sebastião, este, Franklin e eu fomos a um bar na vizinhança e só saímos quando fecharam as portas. Franklin vê-se como "hippy" brasileiro – óculos redondos de estilo vovó, barba longa, se virando careca, chapéu de couro que me fez pensar nesses de pescador grego, mas, de couro como falei. Está no Rio para pegar um álbum de xilogravuras e visitar a ex-mulher e as crianças; estão desquitados e a família mora em Guaratuba.

Machado é um tipo "louco" pitoresco e mais que tudo, divertido. Originalmente de Feira de Santana, na Bahia (voltaria à Feira anos depois). Crescia escutando declamação de Rodolfo Coelho Cavalcante nas feiras, um pouco do mesmo com Cuíca de Santo Amaro, e localmente, com Erotildes Miranda dos Santos. Formou-se em jornalismo e depois direito, e, só começou fazer cordel quando se radicou na grande São Paulo (sob o conselho e dicas de Rodolfo). Tem debate e polêmica forte agora mesmo com o poeta Jota Barros em São Paulo, este o tacheando de "Doutor em Cordel" e acusando-o de não ser poeta legítimo de cordel.

Maxado diz que Rodolfo já lhe convidou vir a Salvador e segui-lo como "Rei do Cordel" lá. Falou do problema de bebida de Rodolfo, mas, também de ser poeta tão prolífico. No bar, Maxado "recriou" sua rotina, seu "jeito" de vender em São Paulo, como vende na praça, etc. Recitou muitos versos e em geral "vibrou" o lugar durante quase três horas.

Acredita que o cordel está forte em Juazeiro, São Paulo e no Rio, mas está morrendo em Pernambuco e Paraíba. É que o pessoal todo está migrando para o Sul. O poeta João Severo em Bayeux morreu há pouco; "A Casa da Criança" em Olinda faleceu; só fica Zé Soares (e desde esta feita morreu, contado depois do filho em 2005) e mais um escrevendo agora no Recife.

Falou de um congresso recente sobre o cordel em Brasília, ainda em 1978. Era bom ver os colegas, mas, como congresso, muito fraco. Maxado é "showman", um Cuíca de Santo Amaro moderno. Não acredito que chegue à arte da poesia ao nível de Paraíba ou Pernambuco, mas, com seu "performance" e como tipo popular, e jornalista ou comentador, segue bem no caminho de Cuíca e outros repórteres-poetas. É figura legítima do cordel, só diferente (diplomando etc.) Fará um papel importante no futuro na "urbanização" do cordel, na "massificação" do mesmo, assim ajudando a estender a vida do mesmo. Acredita que editoras grandes estão dispostas a entrar no "ramo", como a Editorial Abril, e está certo que as pequenas gráficas dos poetas tradicionais não poderão fazer concorrência. (Lembre: estamos em 1978, antes do advento do computador e impressor ao lado).

Pois, com tudo, depois dessa noite, me senti amigo de Maxado, que o conheci bem, e acho que nos demos muito bem mesmo. Com tais momentos, a pesquisa se converte em vida, algo realmente vivido, e não mais "pesquisa de gabinete".

## Um Momento – a "Bugiganga" do Momento pelos Camelôs na Copacabana

É um rapazinho de plástico; quando o freguês puxa para baixo sua calça, faz chi-chi ou "mija" nos outros. Vende-se muito.

## Na Hora de Reclamar – O Lado "Normal" Negativo de Morar no Rio de Janeiro em 1978

Uma queixa: quando simplesmente queres andar na cidade, constantemente os carros bloqueiam a via, estacionam-se nas calçadas. Houve um momento do caso do "doido" que tenta passar na pista da direita, fora da Estrada ao Corcovado, e "escambulha" a via para todos. As calçadas de Copacabana estão totalmente lotadas de carros estacionados; há de dançar um samba para evitá-los mesmo para descer a rua.

E não me esqueço de mencionar: o "dançar samba" para evitar as fezes da multidão de cachorrinhos que seus donos "levam a passeio" e não recolhem os restos da caminhada!

Há massas de turistas no Corcovado - tem que fazer fila par chegar a avistar a vista. E Japoneses! O ambiente é uma "babilônia".

Os cinemas estão lotados; o pessoal fuma por dentro e irritam todos.

Os "curtos" nacionais no cinema são aborrecidos com propaganda do governo e ninguém aguenta. O típico: um oficial do governo corta a faixa para inaugurar uma estátua.

O nível incrível de barulho: a TV a volume máximo (sempre). Mas, algo positivo: os camelôs de praia vendem a mercadoria com suas "propagandinhas" em verso, cantadas. Geniais algumas, serviriam para o melhor da televisão no Brasil e nos EUA.

# Encontro com o Escritor Orígenes Lessa e Maria Eduarda Lessa, 1978

Estou com o escritor e fã do cordel Orígenes no pequeno apartamento no Prado Júnior. Fui muito bem recebido; disse que ouvira do meu trabalho e vira alguma coisa dele. (Depois desta visita, mandei-lhe todos os estudos pelo correio). Assegurou-me que pensa que a teoria literária e a crítica literária são "o maior burrice-pedantismo" do pessoal que não tem talento nenhum para criar, para escrever. Era muito crítico do pesquisador Francês da Sorbonne Raymund Cantel, "fazendo figura", fazendo do cordel sua propriedade pessoal, dando palestras, "ficando o dono de tudo." Orígenes me falou que a sua coleção irá a biblioteca na cidade "berço" de Lençóis Paulista, São Paulo. Recebe um dinheiro por mês de aposentadoria de uma agência de propaganda, vive modestamente de "direitos autorais" e escreve "literatura infantil". Quer gastar os últimos anos na arte de escrever. Mudou-se da Avenida Atlântica (onde o conheci em 1967) "quando mudei de mulher". Maria Eduarda (portuguesa, mais depois sobre ela) é a atual. Nada de remorso do passado. Escreve literatura juvenil, contos, e novelas. Tem 75 anos. Falou da admiração para Manuel Cavalcanti Proença, a pesar de dizer que Proença errou no seu estudo "Trilhas do Grande Sertão" nos nomes de lugares de "Grande Sertão: Veredas", nomes já provados a ser corretos e reais, não invenções de Guimarães Rosa. Gostou da minha ideia sobre o romance e o cordel e disse que um dia, no futuro, poderia ser muito mais importante do que os estudos linguísticos do romance. Orígenes é muito antielitista. Conhecia Cuíca de Santo Amaro por meio só de entrevista, tem uns 120 de seus folhetos que vou ler nos próximos 2-3 dias. Insiste que Cuíca era, mesmo, um "mau caráter", mas, admitiu que o poeta sim apelasse pelo lado das massas. Esteve com Cuíca só 4-5 vezes.

Outro dia

Estive à volta aos Lessa para ler a coleção. Almoço de repolho, fígado de bife, suco de maracujá, jacutiba", as frutas do sítio de Orígenes em Paraíba do Sul, umas poucas horas de carro do Rio. Maria Eduarda é portuguesa; se conheceram há três anos quando ela era recepcionista. Ela é cristã, mas Orígenes há 40-45 anos não tem religião. Disse que tem sido "reconvertido" em anos recentes, isso com todos os problemas de família, mas, não a nenhuma religião organizada. Durante vários anos, experimentou com a "umbanda", mas agora não vai nem perto nem para observá-la. Está convencido que os espíritos são verdadeiros, mas são satânicos, e só sai disso o mal na forma de doenças mentais. Gostaria de conhecer o Oeste dos EUA; ofereci nossa casa.

Orígenes tem a melhor coleção política do cordel no Brasil. Anda com bastante êxito como escritor de literatura juvenil, isso desde 1970, com centenas de milhares de exemplares vendidos, a fonte principal de seus ingressos. Tem que escrever para viver.

De repente Franklin Machado aparece; é que sorteia Orígenes com os folhetos de São Paulo, um "negócio" entre eles. Senti muita pena do Maxado hoje, deprimido com a situação familiar. Tem novidades sobre o cordel: Marcus de Ataíde, cicerone meu sobre o cordel nos anos 1960 no Recife e filho do famoso João Martins de Atayde dos anos 1920-1950 do cordel do Nordeste, está em São Paulo, estudando jornalismo, e trabalha de relações púbicas na Bayer do Brasil. Sobre João Martins (segundo Orígenes): tinha uma tipografia em Recife em 1911, aprendera a medicina popular em Amazonas durante o "boom" da borracha; voltou ao Nordeste; conseguiu terrenos e propriedade e depois "o bairro inteiro" perto do Mercado de São José em Recife, e logo inaugurou a tipografia. Nunca vendeu ou cantou na praça, fez-se um tipo "aristocrático" de cordel. "Sou um analfabeto que vive de letras". O ótimo poeta Delarme Monteiro trabalhou para Atayde durante oito anos e parece haver escrito muito que é atribuído a ele. Zé Bernardo da Silva de fama em Juazeiro do Norte também trabalhou para Ataíde em Recife. Ataíde tinha fazendas, até 40 crianças, muitas não reconhecidas por ele. Respeitou muito Leandro Gomes de Barros e comprou o "estoque" de Leandro da viúva deste.

## Um Momento: "A Ópera do Malandro"

Ao centro onde vi a estreia de ÓPERA DO MALANDRO de Chico Buarque. Mas, curiosamente, não é uma das obras dele que aprecio. O que me lembro mais é da abertura com o clássico "malandro" carioca, um homem belo, retinto de cor, com o terno de linho branco e uma flor vermelha na lapela. A peça foi muito badalada na época, mas a verdade é que o problema de ouvido que tenho me deixou de entender bem os discursos e a letra das músicas, uma pena!

## Um Momento e Fofoca de Cordel: a Pesquisadora Francesa na Casa de Rui Barbosa

Conheci esta professora da Sorbonne, pesquisando "a mulher no cordel". Diz-me que o meu livro de 1973 de Pernambuco era estudo "pioneiro" e sim circulou bastante e é conhecido. Falou que uma segunda edição se esgotaria no Brasil (tentei faze-lo anos depois, nada acontecendo em Recife). Falou de maneira muito negativa de Raymund Cantel - guarda zelosamente a própria coleção, é desonesto, e, segundo ela, tem feito pouco com O Instituto de América Latina na Sorbonne além de engrandecer a própria posição. E não cumpre com promessas feitas no Brasil; o pessoal já o conhece bem. Puxa!

# Fim da Viagem, Cansaço e Mais Observações da Estada no Rio

A "insolência" da maior parte dos garçons, um "não sei que" de ressentimento e raiva na parte sua. Pelo menos, carrancudos. Pelos menos, com este "gringo".

Sempre acontece com o peão – tem que parar no meio da calçada enquanto um carro faz manobras em frente, se estacionando na calçada.

Bumper sticker: "Cuide com a sua emissão de gás" (desenho da parte traseira de um fusca com nádegas!)

Ainda fico admirado da rapidez com que comem os Brasileiros; não posso imaginar que até possam saborear a comida. Comem como se alguém fosse tirar o prato deles ou talvez como se fosse remédio que tem que tomar. Eu como rápido, mas, nada em comparação. Um caso: una noite no Braseiro jantei pão francês, arroz-a-grego e galeto. Um cara entrou e foi o seguinte: um enorme prato de sopa, uma salada que encheu um prato de jantar grande, galeto e arroz (o prato que eu comi), e, logo, filé com batata frita. E acabou antes da gente!

O nível de barulho não se pode escapar. Meu quarto na pensão está no décimo andar, e ainda assim, ouve-se o barulho da rua. A TV sempre a volume máximo. Barulho máximo nos bares e cafés. Agora mesmo ouço "Saturday Night Fever" explodindo fora da janela.

## Uma Descoberta Aprazível...

Em 1978 é possível subir ao último andar do Othon Palace (o sótão com bar, piscina, lugar de dançar) com talvez a melhor vista da praia de Copacabana e até do Rio. Se te sentas no bar, pode tomar Brahma Choppe (meia garrafa, tamanho dos EUA) por 25 centavos USD. Não pagas "couvert" ou "mínimo". E na noite há tira-gosto. Só por casualidade -- conheci um canadense, representativo de "Newsweek"; viaja o mundo e mora nos hotéis. Diz que o Othon é bonzinho, mas não muito caro. Uma pessoa -- $40 por dia; um suíte pode chegar a $350. Não há quartos de "luxo" nem de "superluxo". Mas, diz que nada pode ser melhor – estar sentado num bar no 30º andar com a melhor vista do Rio e tomar cerveja por 25 centavos.

## A Colega de Pesquisa Candace Slater – um Encontro na Casa de Rui Barbosa

Ela tem novas do cordel: Apolônio Alves dos Santos acaba de entregar à gráfica "A Morte do Papa Paulo VI"; sairá em uma semana. As filhas de Zé Bernardo têm 138 folhetos impressos para vender; só havia seis quando tomaram controle da tipografia.

Candace acaba seu livro clássico sobre o cordel (será "Stories on a String"). Tem bolsa para mais um ano; voltará ao Brasil em fevereiro depois de um congresso na UCLA. Aprecio seu sucesso e trabalho, mas, nestes momentos só vou estar feliz na volta à casa, à família. Lembre – deixei Keah and a neném Katie com um ano só para fazer esta viagem de pesquisa. Saudades e querendo atuar como pai de família.

# BRASIL. 1981. JULHO. BAHIA

# O VOO

A aventura esta vez começou nos próprios Estados Unidos. Tive uma bolsa de estudo para fazer pesquisa sobre o poeta Rodolfo Coelho Cavalcante, residente de Salvador da Bahia. Mas, queria levar a família a Colorado primeiro (a filha Katie agora estava com só quatro anos). Pois, o plano foi sair de Durango em Colorado, fazer escala em Denver, e logo em Los Angeles a pegar o voo da Varig.

Mas, não tendo notícia disso, na noite anterior ao voo, o radar do pequeno aeroporto de Durango foi pego pelo relâmpago, e, o voo até Denver foi cancelado. Só fiquei sabendo disso ao chegar ao aeroporto, já com a "cabeça" pronta para a viagem.

O jeito da linha aérea foi substituir o voo regular por um de uma pequena linha "commuter" até Denver, e assim foi. Sobrevoamos as grandes montanhas rochosas até Denver, com uma passagem maravilhosa (viajando só um pouco em cima das montanhas ainda cobertas da neve do inverno passado), mesmo com o ar instável e os altos e baixos no pequeno avião de dois motores. Com pouco tempo para pegar o voo no 737 de Denver a Los Angeles, corri ao terminal da Western, a mala grande na mão, e fiz o "check in" da mala na calçada fora da entrada ao terminal. Tudo bem, subi ao avião sem problemas e gozei a viagem. Mas, ao chegar ao aeroporto de Los Angeles, descobri que a mala não tinha feito a mesma viagem, ainda ficava não sei onde no aeroporto de Denver.

O voo internacional era de "charter", daí não podia perdê-lo; a única solução subir a bordo, fazer a viagem de 4000 milhas sem a mala, esperando que, com sorte, a mala me seguisse na Varig. Cheguei a saber que o próximo voo da Western de Denver, chegaria a Los Angeles só depois da saída do voo internacional. Daí, respirando forte, e tendo uma fé cega nos deuses de viagens internacionais, e com uma atitude um pouco fora da usual minha, tomei a do "devil may care", "o que será, será" (pensando na música de Chico Buarque), e subi a bordo da Varig.

De passagem, a experiência no aeroporto internacional de Los Angeles não foi nada agradável. Estava totalmente lotado o aeroporto, a cidade uma nuvem de poluição, e mesmo a sala de espera quase sem cadeira vazia para se sentar.

Mas, o voo da Varig, foi ótimo como sempre, ou quase, o avião D C-10 vindo de Tóquio. Ao entrar a cabine e buscar a poltrona, só vi Japoneses, todos muito sérios, os homens em ternos escuros, todos a ler jornais do Japão. Não era a acostumada bagunça dos Brasileiros na Varig! O serviço foi aquele mesmo, o cardápio em francês. Houve nove horas de voo fazendo escala em Lima, chegando com um vento frio e úmido (lembrei-me da "garoa" dos invernos de Lima, experimentado em 1967). Todos desceram do avião e entramos no terminal onde ofereceram aos viajantes cansados um "Pisco Sour", isso para melhorar a experiência.

Depois da chegada ao Galeão no Rio, entrando eu na área da loja internacional de impostos livres depois de passar pela alfândega, um empregado de não sei que se dirigiu a mim, querendo saber se comprasse para ele uma garrafa de "Scotch" da loja internacional (só quem tem direito é o passageiro internacional). Pensei com os botões – lá vai negócio. Aceitei o pedido, comprei a garrafa e dei-a ao jovem fora da área internacional (ele tinha me dado o dinheiro antes), tudo muito "hush-hush." Mas, expliquei que, em troca pelo favor, que fizesse um esforço de pegar a mala extraviada, que devia chegar não sabia quando, e mandasse ao destino final meu em Salvador da Bahia. O milagre (segundo me falaram os amigos no Brasil) foi que daí a uns dois dias, chegou a mala, não faltando nada. Ao meu parecer foi mais um exemplo do "jeito" brasileiro.

# ENCONTRO COM AMIGOS EM SALVADOR

Em Salvador, pude entrar em contato com os amigos Barros em Itapuã, Pedra do Sal. Éramos amigos datando do estágio de Mário quando fizera engenharia elétrica na ASU nos anos 1970. Casa de dois andares, estilo colonial, sala de comer, de estar, varanda etc. uma quadra da praia. (Acontece que Jorge Amado tivera uma casa no mesmo bairro e é um conhecido dos Barros.) Mário estava de viagem de negócios no Japão, mas, Laís me mostrou toda a hospitalidade possível brasileira. Até me levou à Mesbla onde comprei roupa (ainda não sabendo o destino da mala tardia). Engraçado, escolhi camiseta com o famoso coelho "Play Boy" e não sei que mais. Quebrou o galho, pois, a mala chegaria pouco depois.

Depois do jantar, Laís me levou à residência escolhida para o estágio este na Bahia, à pensão de Dona Hilda, Avenida Presidente Vargas, em Ondina em frente do Clube Espanhol na litoral. Apartamento bonito, até com grandes carrancas dos barcos do Rio São Francisco, assim eu ia matando saudades da viagem de 1967.

Ganhei uma nova e boa amizade nesta estada em Salvador. Luís Raimundo é do Rio, o pai aposentado do Banco do Brasil, ele, Luís fazendo estágio para o banco na Bahia, "working his way up." Tem carro novo, trabalha de meia-noite às 8 da manhã, e é perito de computadores. Passarei tempo com ele anos mais tarde no Rio. Levou-me à praia de Piatã em umas ocasiões. Simpático, boa praça. Hospitaleiro, bom brasileiro.

Logo, houve encontro com toda a família Barros, um belo jantar de "bacalhau à portuguesa", vinhos de Rio Grande do Sul (Os Barros são "gaúchos da gema".)

# PESQUISA – O NÚCLEO DE PESQUISA DA LITERATURA DE CORDEL EM SALVADOR

O Núcleo era parte da Fundação Cultural do Estado da Bahia, uma nova entidade para mim nesta nova aventura de pesquisa no Brasil, mas, agora em Salvador da Bahia. E, o Núcleo seria importante para a pesquisa futura e publicações no Brasil. Lá conheci o casal de Edilene Matos, diretora do Núcleo, e Carlos Cunha, os dois imprescindíveis para os estudos e também amizades no Brasil. Seriam mentores e amigos, e me mostravam uma hospitalidade incrível neste e outros estágios; seriam parte do sucesso ótimo que teria na Bahia nos anos futuros.

Edilene era acadêmica, tirando o Mestrado em Letras da UFBA e depois o Ph.D da USP, sempre ligada à séria crítica literária, mas, "casada" com pesquisa do cordel da Bahia. Carlos Cunha era autodidata, sem título universitário, mas, homem de letras, poeta sério, e mais do que isso, o "cicerone" de muitas atividades literárias em Salvador durante anos - promoções culturais, publicação de livros, e, mais importante para mim, uma ligação ao mundo da cultura popular e o cordel na Bahia naqueles anos. Contou-me uma vez que nem ele nem Edilene puderam ser "especialistas de cordel", devido ao cordel não ser levado a sério no mundo intelectual da Bahia. Mas, o homem tinha um conhecimento do cordel sem par. Falarei muito mais nas páginas a virem.

No Núcleo conheci Abílio de Jesus, homem preto, e um dos melhores tipógrafos na cidade. Abílio tinha experiência ganha durante anos trabalhando na Imprensa Beneditina, entidade histórica na cidade (ele era órfão, criado e educado pelos próprios Beneditinos), agora estava encarregado de assuntos de imprimir para a Fundação. Ele estava vestido sempre de branco (obrigação de candomblé), homem muito digno, cabelo grisalho, óculos, e muito simpático.

Um Aparte Profissional

Meu livro sobre Jorge Amado e a literatura de cordel está agora no prelo e é Abílio que coordena a impressão. É uma coedição da Fundação Cultural do Estado da Bahia e a Casa de Rui Barbosa no Rio, mas, paga pelo FCEB. Surgiu um problema diplomático – a capa do livro. A CRB quer o estilo "velho" deles; o livro teria uma xilogravura de uma cobra na capa. Ninguém na FCEB gosta e me rogam que expresse meu sentimento negativo da capa (fi-lo e houve uma mudança muito feliz – a capa seria uma xilogravura de um artista famoso da Bahia, amigo de Jorge Amado, o Calasans Neto. A capa mostra "Jorge" com um placar em cada mão, com imagem de xilo, de "Teresa" [Teresa Batista Cansada de Guerra] e "Tieta" [Tieta do Agreste].

# PRIMEIRA CONVERSA COM CARLOS CUNHA, FUTURO CICERONE DE CORDEL NA BAHIA

Carlos é uma pessoa com quem me dei muito bem, e, quando saí do Brasil em 1981, considerei-o grande amigo (mas, outros me falaram que era "cobra", ruim mesmo.) Só sei que me tratou bem, sempre. Como fala o Lazarilho de Tormes ao fim do livro, se há coisas negativas, não quero falar ou ouvir delas. O único estranho, em quanto a mim, foi que anos depois nunca cumprisse o Cunha quando marcamos data, sempre com escusas, mas, sim falando pelo telefone. A última vez na Bahia, 2005, contaram-me que andava doente de depressão. Mas, durante anos foi o Diretor Executivo da Academia de Letras da Bahia, sempre me tratando bem. Que sei eu. Foi ele, no fim, que me sugestionou escrever diretamente a Jorge Amado, apelando para a publicação do livro sobre Cuíca de Santo Amaro pela Fundação Jorge Amado; dica boa, deu certo.

Contou-me, pois, em julho de 1981, que o cordel para ele era "hobby" e o pesquisava havia anos, especialmente o caso de Cuíca de Santo Amaro. Prometeu compartilhar comigo o material da pesquisa (acho que fez isto só em parte, devido ao fato que Edilene também escreveria dois livros pelo menos sobre Cuíca.) Em 1981 deixei com ele o primeiro rascunho de meu livro sobre Cuíca de Santo Amaro, resultado da pesquisa na Casa de Rui Barbosa em 1978, seja como for, tudo saiu bem (anos depois, 1990).

As seguintes foram as razões de não escrever ele sobre Cuíca: – sendo Edilene diretora do Núcleo, seria considerado caso de "nepotismo", e, logo, já dito, seria negativo um poeta de vanguarda escrever sobre a literatura folclórica devido a falta de prestígio do cordel no meio acadêmico da época. Edilene, sim, sendo chefa do Núcleo, preparava um livro sobre todo o cordel da Bahia (não me contaria nada disso o Cunha e só depois falou dos livros dela sobre o Cuíca). O fato é que não fazia diferença devido aos enfoques diferentes entre ela e eu. Mas, depois de haver lido o rascunho meu sobre Cuíca, Cunha me louvou, dizendo "Como podia um estrangeiro fazer tal livro"?

Dizia-me que o livro meu sobre Jorge estaria pronto em setembro; e queria que voltasse eu para "noite de autógrafos". Veremos.

Havia cinco anos que Carlos trabalhava fazendo suplementos literários na cidade. Como disse eu, ele seria a fonte principal, cicerone do cordel na Bahia tratando Cuíca e Rodolfo Coelho Cavalcante. Falou "É incrível como um norte americano possa vir para cá e nos ensinar sobre Cuíca; tem você mais folhetos sobre Cuíca que nem eu conhecesse". Aconselhou-me não mexer com o manuscrito, que com certeza a FCEB iria querer publicar. Isso foi em 1981; em 1984 ainda esperei eu. Mais adiante.

Por bem ou mal, Cunha me deu o original (datilografado) da autobiografia de Rodolfo Coelho Cavalcante, e seria imprescindível para o livro futuro meu sobre Rodolfo.

Mais sobre Cunha: era autodidata, de Propriá em Sergipe. Andou no Rio, não deu certo, depois em Recife, e de novo em Salvador. Está sem título universitário, e este fato lhe dana em termos de salário e prestígio. Mas, não pensa em voltar à faculdade (decisão contrária ao conselho de Edilene). É extremamente inteligente com uma educação pragmática de aprender na rua, e, uma espécie de "on the job training" no jornalismo. Mas, trata com escritores principais, e círculos jornalísticos no Rio e São Paulo. Era diretor da própria FCEB; saiu daquele posto e agora é chefe de editoração. Era o segundo "casamento" tanto para ele e para Edilene (as duas crianças são dela). Diz que o primeiro casamento, dos dois, era com gente "burguesa", e ele e Edilene eram mais ligados à vida intelectual, literária, poética, etc.

Não dirige carro, mas conhece a cidade como ninguém outro. Saí um par de vezes com ele, caminhando muito rápido, a vários pontos no centro, pegando livros mandados a ele de todas as partes do Brasil. Vende a maior parte a livrarias ou sebos ou os troca pelos que realmente interessam. Tem uma biblioteca incrível em casa. Diz que não quer telefone porque vai "tirar a calma" em casa, mas, estive em casa quando conseguiram o telefone, evento grande aquele dia. Edilene "edita" seu português "sergipano".

Ficou nervoso durante a gravação que fiz em quanto ao cordel. Vive com a TV ou o rádio ao volume máximo, provando que é muito brasileiro.

# O Artista Sinésio Alves Trabalhando

Sinésio entra esta história por vários motivos, principal entre eles, ele foi o ilustrador de capa de os folhetos de feira de Cuíca de Santo Amaro em quase toda a carreira deste. Contaremos mais em Volume III de "Aconteceu" ao chegarmos a editoração, por fim, do meu livro sobre o poeta em 1990 pela Fundação Casa de Jorge Amado em Salvador. Portanto, conheci o Sinésio na casa de Carlos e Edilene e tivemos vários momentos inesquecíveis.

Sinésio contava da amizade com Cuíca, a "maneira de ser" do poeta, e o dia-a-dia no processo de escrever o folheto, o pedir a Sinésio a fazer a capa, sempre com muitíssima pressa, mandar tudo à tipografia e logo soltar o folheto na rua! Exemplos destas capas se veem na Imagem n. 40.

Lembro que o artista falou de uma coisa da vida "diária" deles: o poeta chegava, colocava a mão no bolsinho da camisa do artista, tirando uma nota de uns cruzeiros, dizendo, "Só um préstimo meu amigo; eu te pago mais tarde". A amizade dava para estas coisas. Sinésio, como ninguém, sabia muitos detalhes da vida um tanto "escabrosa" do poeta e contava muita coisa. Umas anedotas vão aparecer no livro de 1990.

Depois da morte do poeta em 1964, a fama e o talento de Sinésio não diminuíram, só mudaram. Ele ficou conhecido como grande artista para o preparo de decorações de Carnaval na Bahia, e, chegou até a decorar a Casa da Alvorada do Presidente do Brasil para um Carnaval.

Mas, contou coisas tristes, embora sem cara triste ou feia: já com certo bem-estar na vida, com boa casa e carro, contou da noite quando ladrões chegaram e quase que arrasaram tanto a casa e o carro. Depois de nosso último encontro, a contar em Volume III, em 1990, não o vi mais. Mas mantenho até hoje, ESTE é o senhor que merecia um grande livro, e lamento o fato nunca tê-lo feito! Em compensação tenho várias caricaturas que ele fez rapidamente uma tarde quando todos nós estivemos juntos na casa dos Cunha, inclusive sobre o poeta Cuíca e até de mim!

# A BARRACA DE CORDEL EM FRENTE DO MERCADO MODELO DE RODOLFO COELHO CAVALCANTE

O cantador, Bule-Bule, está lá, e Rodolfo Júnior, filho maior do poeta. E aí chegou Rodolfo – figura muito importante para mim no futuro. Cunha me advertiu: o pensamento do poeta está "disperso", pensamento e a fala confusa. Mas, aí, finalmente conheci o poeta com quem tinha feito correspondência desde 1966. Naquele momento, com o tremendo barulho dentro e fora do Mercado, foi um choque tentar entender a conversa. Só cheguei a perceber tal vez 25 por cento do que falava Rodolfo. Saí frustrado e desapontado, mas, tudo seria muito melhor em outros encontros no futuro. Mas, foi um choque: Rodolfo tinha poucos dentes, era muito baixinho, tipo racial nordestino com pele branca, pobremente vestido, camisa "raiada", mas, usando terno e gravata. Era, sim, egoísta, como a imagem indicada dele por outros. Estava bebendo cerveja e estava mesmo com pensamento "disperso" com tinha indicado o Cunha. Entendo que dividia o tempo entre os deveres na tenda ou barraca de cordel, e "goles" de cerveja dentro do Mercado (Rodolfo tinha um folheto na época "Já Bebi, não Bebo Mais"). Estaria muito eu com ele nas semanas próximas.

# CONGRESSO DO ABPC

Naqueles dias em 1981 o congresso da Associação Brasileira para o Progresso Científico foi um evento gigantesco, importante levando em conta a atmosfera criada pelo governo militar no Brasil. Andei com Carlos Cunha, meu cicerone durante todo o estágio; o momento fez-me lembrar do livro "Tenda dos Milagres" e a sátira de Jorge Amado do ambiente intelectual e literário em Salvador. No livro um escritor-pesquisador norte-americano fará famoso o protagonista principal Pedro Arcanjo, quando, este, anda desprestigiado em seu próprio torrão de Salvador.

A organização e o evento são um "fenômeno politico" – a única maneira que o pessoal pode participar no processo politico baixo o regime atual da ditadura militar. Nunca vira eu antes a aparência tão aberta da Esquerda no Brasil, um enfoque abertamente Marxista. Também assisti a uma manifestação de "poder preto", a primeira que conheci no Brasil, sinal do futuro, e com uma amostra do conflito racial e mudanças de clima racial e político a virem em Salvador. De passagem, havia um grupo de cordel presente, de Juazeiro do Ceará, da Tipografia antes de José Bernardo da Silva, com xilogravuras também de J. Borges.

Vi muita literatura usando o formato do cordel, mas, dos estudantes, totalmente politizada, sobre os direitos dos trabalhadores. É que os estudantes agora tomam emprestado o formato do cordel na sua literatura de contestação ou protesto. Está barato e é uma boa maneira de espalhar sua mensagem política aos pobres, estudantes e intelectuais, principalmente refletindo luta de classe.

# ENCONTRO COM RODOLFO
# COELHO CAVALCANTE E O AUTOR
# NO MERCADO MODELO

Rodolfo estava bebendo cerveja na parte de atrás do Mercado e não parecia regular muito bem. Tirei fotos do Rodolfo com a "Medalha de Ouro" recebida de uma organização de trovadores, o poeta sendo muito orgulhoso do fato. Tempos depois foi muito criticado por outros poetas de cordel perguntando "Cadê o Ouro"? O poeta, pois, respondeu: "Ouro Nenhum! É Ouro Simbólico! Quem já ouviu falar de um Poeta de Cordel com Ouro?" Comprei uns folhetos e marquei encontro para o domingo próximo na casa do poeta no bairro da Liberdade para a primeira entrevista gravada. Lembrou-me de não esquecer "o presente". As entrevistas seriam importantes no livro final sobre ele.

Mais tarde aquele dia Cunha falou de Rodolfo, detalhando a história inteira dele. Como foi influenciado por intelectuais fora de seu meio do cordel, por Espíritas, trovadores "intelectuais" como Luís Otávio, tudo resultando em uma linguagem única no cordel do Rodolfo. Como Rodolfo construiu seu "império" e vive no poder e controle do mesmo. Como chegou a ser conhecido e aceito e convidado como "trovador profissional" nos círculos sociais menos esperados. Como tinha medo da língua ferina de Cuíca de Santo Amaro e não queria a concorrência com ele. Aparte: A atitude de Cunha em quanto ao Rodolfo é muito negativa, mas, mesmo assim, admira o que tem feito. Diz que a Bahia inteira será de luto quando morresse porque Rodolfo tem uma notoriedade incrível na cidade (irônico: o cenário descrito virou realidade em 1986 com a morte de Rodolfo). Como Rodolfo organizou a entidade mais recente, A Ordem Brasileira de Poetas de Cordel, e como manda nela como ditador "benévolo". Nomeia os oficiais, "lança novos poetas." De fato, é um "empresário" em uma dinastia que ele pessoalmente criou.

Aparte. De passagem - Rodolfo quer saber escrever meu nome e a rima do mesmo; está planejando mais uma de suas "homenagens", o jeito dele de ganhar dinheiro também.

Como Rodolfo anda confuso nestes dias, em parte, devido à bebida. Como mistura os fatos de uma entrevista e os troca em outra, que é quase impossível entrevistá-lo. Acho que superei este problema, veja o livro "A Presença de Rodolfo Coelho Cavalcante na Moderna Literatura de Cordel", pela Nova Fronteira em 1987, apoio de Orígenes Lessa. Mais sobre isso adiante.

# GUIDO GUERRA – ESCRITOR E PERSONAGEM NA BAHIA

Guido era muito conhecido como escritor de contos e novelas em Salvador. Tem reputação, algo como um "literary gadfly", ao estilo de "Mencken," e também algo de "malandro". Língua ferina, humor ferino. Sofria uma doença, não sei o nome, mas a luta para conseguir remédio era constante. Eu pensei nele como "Um Cuíca de Santo Amaro Literário", pronto a satirizar eventos na cidade. Há de entender, que mesmo de uma população de quase um milhão de habitantes, a cidade de Salvador, era relativamente "pequena". Todos os intelectuais e escritores se conheciam, havia muita fofoca, e a tradição da epigrama, ou seu espírito, continuava na cidade, e na pessoa de Guido. Parecia-me Guido cheio de malandragem; lembrou uma estória de quando Cuíca escrevia um folheto ou ameaçava escreve-lo sobre um jornalista que "deu a bunda" a um politico. Resultado – o Cuíca apanhou pela ameaça. Guerra parece saber anedotas escabrosas sobre todos. Em quanto a meus estudos aconselhou-me entrar em contato com editores do sul (são maiores e comercialmente viáveis) e esquecer-se da Fundação. Quando falei disso ao Cunha, não acordou; disse que os livros da Fundação sim chegariam às bibliotecas e aos intelectuais. Interesse próprio? Pode ser. Devido à boa sorte, depois pude entrar na EDUSP em São Paulo, nos anos 90, e deu certo. O conselho do Guerra foi certo.

# REENCONTRO COM OS PORTUGUESES NA "PORTUGUESA"

Matando saudades, encontrei e fui de novo ao velho restaurante "A Portuguêsa" do estágio de 1966, na Avenida 7 de Setembro perto da Piedade. O restaurante fica no lugar original da pensão residência de 1966. O pessoal era Dona Carminha Bastos, Dona Miquelina, e Dom Amândio (a bela filha Conceição, já com 27 anos, três crianças, casou-se com Hélio, um dos portugueses de 1966, com negócio de tecidos). Surpresos a me ver, lembraram-se de mim, e recebi as boas vindas de um velho amigo. Admirados de ver o progresso no meu português desde 1966, talvez melhorasse mesmo.

O restaurante original na praia da Barra foi um lugar excelente, mas se vendeu, mesmo que Dona Carminha tivesse contrato por mais cinco anos. Os donos foram forçados a dar-lhe, em troca, um apartamento no mesmo prédio. Daí converteram a velha pensão na Avenida 7 em novo restaurante. E Amândio já não tem os postos de gasolina de antes. O que não mudou foi a comida – gostosa como sempre – sopa deliciosa, feijão, carne e arroz, batata, galinha, caneca de vinho, salada de fruta e cafezinho. Azar meu – saem amanhã para dois meses em Portugal, as férias anuais. Fecham o restaurante; estarão de volta só em outubro.

# UM GRANDE ENCONTRO – A BAHIA DE JORGE AMADO NO MERCADO MODELO

Conversei com Camaféu de Oxossi, preto retinto com o costumado chapéu de palha, dono de restaurante na parte superior do Mercado e personagem frequente nos romances baianos de Jorge Amado. Este autor bebia cerveja com ele e Rodolfo Coelho Cavalcante, os dois tipos populares no bar. Parecia que ele e Rodolfo faziam concorrência para contar as melhores mentiras, ou seja, para impressionar o gringo. Foi, em fim, um encontro inesquecível, isso devido aos tipos populares que eram Camaféu e Rodolfo no mundo de Jorge.

Hoje, tantos anos depois, maravilho da boa sorte que tive através os anos só estar na "mera presença" destes vultos populares da história de Salvador!

# O SENHOR FERRO, VENDEDOR DE ENCICLOPÉDIA BARSA E PROFESSOR DE INGLÊS DANDO AULAS A ESPOSA DO GOVERNADOR

O senhor Ferro era boa praça, conhecido do estágio de 1966 no restaurante da pensão "A Portuguesa". Português "da gema". Anda dando aulas à esposa do governador, aulas de inglês. Mas, estranho, não percebi nenhuma palavra dele quando tentou falar inglês comigo. Era comum na época a queixa de muitos brasileiros – que os próprios professores de Inglês não falam a língua. Que sei eu. Só sei que era o começo do "comércio" de inglês no Brasil com os vários institutos, como o IBEU (Instituto Brasil – Estados Unidos), Yazigi e outros. Sabendo um pouco de inglês aumentaram de maneira surpreendente as possibilidades de emprego e o subir de salário no emprego. Já contei, e vale a pena repetir, em 1966 quando ainda tinha tarifa de "terceira classe" nos aviões do Brasil, até o calhambeque D C – 3 voando no interior e ao longo da costa leste o norte do Brasil prometia aumentos de salário para os "Aero Moços" a bordo!

# JANTAR NA CASA DE CARLOS E EDILENE E A "LÍNGUA DE PRATA" DE CUNHA

Carlos falou da falta de pesquisadores, ou pelo menos, os sérios, sobre a cultura popular na Bahia. Diz que meu livro sobre Jorge vai impressionar os intelectuais locais, e ainda mais, o livro a vir sobre Cuíca de Santo Amaro. Rogou-me mandar o manuscrito sobre Cuíca já completado para fevereiro de 1982. Fi-lo, agora estamos em agosto de 1984, e "neca". Seja bajulação, seja sinceridade, Cunha tinha uma "língua de prata", como dizemos em inglês, e o talento de poder fazer qualquer um sentir-se bem. Sei, porque o vi fazer isso com Rodolfo e outros, e comigo também. Seja como for…

# ENCONTRO COM A VIÚVA DE CUÍCA DE SANTO AMARO – O POETA POPULAR "BOCA DO INFERNO" DA BAHIA

Cunha me levou longe nesse dia a um bairro proletário, muito pobre, onde conheci Dona Maria e fiz uma entrevista breve (com "presente") que vai entrar no livro sobre Cuíca. Ver as fotos e a entrevista. A casa era pobre em um bairro proletário da Bahia; a viúva lava roupa a trazer um pouco de dinheiro. Há netos e netas, muitas crianças perto da casa; a família parece estar na beira da miséria. Carlos visita de vez em quando, sempre trazendo presentes, roupa, comida, etc. Todos os comentários sobre o marido falecido entrarão no meu livro "Cuíca de Santo Amaro – o Poeta - Repórter da Bahia".

# O CEMITÉRIO E A COVA RASA DE CUÍCA

Cunha me levou a conhecer esta parte do cemitério, a cova rasa sendo o último lugar de descanso das pessoas mais pobres da Bahia. Cuíca de Santo Amaro foi enterrado em uma delas.

# FIM DO ESTÁGIO NA BAHIA

Mais uma vez estive com Mário e Laís Barros e houve um jantar gostoso de camarão em Itapuã. Bons amigos; sempre me trataram bem, todos aqueles anos. Obrigado. Muito agradecido.

Saí de Salvador com uma mistura de sentimentos, mas, em geral, sentindo-me nos altos, isso devido à certeza que o livro sobre Jorge Amado e o cordel estava mesmo a sair, e durante a Comemoração dos 50 Anos de Literatura de Jorge Amado em novembro (realmente aconteceu, um momento entre os mais altos na carreira).

E saí com a promessa de Cunha que o livro de Cuíca sairia na Fundação Cultural da Bahia, mas acabou sendo exatamente isso, uma promessa. Só seria resolvido o assunto tempos depois. E saí com muito novo material sobre Rodolfo Coelho Cavalcante, o manuscrito ainda não escrito, mas, em preparo. E bons sentimentos de amizade com os Barros e Carlos e Edilene. Tudo foi um grande sucesso, pensei, na época.

# UMA VOLTA AO RECIFE – UM ENCONTRO COM O FOLCLORISTA MÁRIO SOUTO MAIOR

Mário era um dos "vultos" intelectuais do Recife, há tempo. Era especialista na cultura nordestina há anos como pesquisador da equipe no Instituto Joaquim Nabuco de Ciências Sociais (anos depois se convertendo em Fundação). Lembremos que tudo foi fundado pelo "emérito" Gilberto Freyre de fama de "Casa Grande e Senzala." Mário, pois, ficava daí com possibilidades de publicar suas obras e há muitas, a última o "Dicionário do Palavrão". É fã de "Ham Radio" e daí se comunica com o mundo. Tem um exemplar do meu livro de '73, agora "uma raridade". Acho que gostou de finalmente me conhecer, e vice-versa. Intelectual extremamente bem organizado com fichas de 300 intelectuais no Brasil e no mundo com quem se comunica. Talvez escreva o prefácio do meu livro novo na UFEPE. Ra ra ra.

# TURISMO E VIDA SOCIAL COM FLÁVIO VELOSO

Esta foi a vez que atuei de "acompanhante" ["chaperone"], por incrível que fosse. A noiva, Alice, tem 21 anos, mas só pode sair com Flávio com "acompanhamento". Realmente! Fomos ao Hotel 4 Rodas em Olinda ao "Bar Piano Lounge" e logo ao "Trago Violão" em Boa Viagem, o ambiente do primeiro totalmente diferente para o Brasil – calmo, música baixa, e caro! Há planos para um casamento futuro!

Flávio me levou ao apartamento novo dele em Olinda. Fica na praia, 4 quartos de dormir, duas salas grandes de estar, 3 banheiros, quartos de empregadas. Tem balcão que dá para o mar com uma vista incrível. Lembro-me das jangadas e "wind surfers" no mar naquele dia. Tem três lugares na garagem subterrânea, para dois carros e um barco.

Logo fomos juntos a ver uma beleza do Recife – A Capela de Ouro no Velho Centro

# AVENTURA E MÁ AVENTURA EM JOÃO PESSOA

Flávio ia de negócio a um engenho de açúcar na área e peguei carona, ele me deixando na UFPB a consultar "A Biblioteca de Literatura Popular em Verso". Na viagem, conheci de novo as grandes fazendas de cana de açúcar, a terra ondulada verde entre Recife e João Pessoa (terra que conhecia quando viajava muito de ônibus em 1966-67).

A BLPV é excelente; vi o relatório da mesma, e também o relatório de coleções da USP (aonde iria anos depois) e até a Universidade de Lisboa. A diretora, Neuma Francisca Borges, amiga desde 1970 e o congresso na UCLA (eu não tinha lembrado, mas, evidentemente eu tinha sugerido a Brad Burns o nome dela, pesquisadora, e, assim fiquei "responsável" pelo convite a Los Angeles). E ela não esqueceu; devolveu o favor um par de vezes, a última vez em 2005 para o congresso de cordel em João Pessoa. Tristemente, pouco tempo depois morreu; eu me sentindo na ocasião bastante isolado porque os velhos conhecidos e pesquisadores no "ramo" já morreram. De fato, Neuma estava doente no tempo antes de chegar eu em 1981 – úlceras, 40 dias de descanso, e dieta de leite por 20 dias!

A grande novidade da Biblioteca, no momento, era o novo "Dicionário de Poetas Populares e de Bancada" de Átila de Almeida e João Sobrinho sobre o cordel. Só o receberia eu mais tarde, mas, diretamente das mãos do autor. E, também esqueci, tinha escrito eu uma resenha do livro para a revista literária "Chásqui"; souberam e me agradeceram muito. "What goes around comes around" – devia ser adepto do Espiritismo Kardecista e seu lema igual. Peguei folhetos importantes para o futuro livro na EDUSP, "História do Brasil em Cordel", especialmente sobre Lula e Collor de Melo na campanha para a presidência.

Aí começou a má aventura – a Biblioteca fechou, mas, tinha marcado com Flávio para me apanhar em frente da biblioteca, daí, fiquei sozinho fora do prédio. Pois, sem luzes, na escuridão, ninguém por ai, esperei umas duas horas. Nada de Flávio. Daí caminhei à estrada, peguei carona ao centro e à rodoviária. Estava para subir a bordo o ônibus quando o amigo apareceu. Zangado comigo por não lhe esperar na universidade! Nada de desculpas. Sozinho naquela escuridão, gringo na terra dos outros, não me arrependo da decisão de "dar o fora".

# PASSEIO A GRAVATÁ AO OESTE DO RECIFE

Acompanhei Flávio e Alice em uma viagem de hora e meia de carro até Gravatá, mais além de Vitória de Santo Antão, depois da zona da mata, agora no agreste, ondulada a terra, e mais seca. A grandeza lá foi a grande fábrica de "Pitu", talvez a cachaça mais famosa do Nordeste, com um "outdoors" - uma grande garrafa verde com o Pitu no lado.

Gravatá é conhecido, sendo terra seca, como sanatório para os tuberculosos, isso, no passado. Agora com chácaras de campo para o pessoal de Recife. Fomos a uma festa de piscina, a festa de despedida do cônsul checo, depois de cinco anos de serviço no Brasil. Checoslováquia manda máquinas ao Brasil em troca de matérias primas. O território consular dele é o norte e nordeste inteiros. Boa praça, "a nice commie" escrevi. Anda com carro de luxo, e irá a outro posto na América Latina.

A festa foi na casa de Antônio Azevedo, tipo que conta muita piada, meio "palhaço". Contou piadas dos EUA, do recém - demitido General Golberry. Foi uma crise política em um sentido; Golberry era chefe do gabinete federal dos militares durante sete anos, o homem "atrás do presidente", muito poderoso. Em 1980 se declarou a favor da "abertura"; e o pessoal agora está com medo que a "abertura" ou seja demorada a chegar ou não vá acontecer mesmo. Mas, houve piadas sobre Golberry mesmo; a política está "fervendo" mais uma vez no Brasil. Há promessas agora de futura eleição para presidente, mas só vai ser indireta e arranjada desde 1964. O Presidente-General Figueiredo disse "não" até 1984.

# REENCONTRO COM ARIANO SUASSUNA

Acho que a última vez foi em 1970! Pois, me encontrei em Casa Forte na casa do famoso escritor com jardins tropicais, todo o frente da casa de azulejos tradicionais. A sala de estar era um "museu" de arte: um tecido por Ariano mesmo com o desenho baseado na "Pedra do

Reino" Tivemos uma conversa realmente agradável – parecia Ariano realmente feliz a me encontrar de novo (o meu contato com a irmã Selma em Tempe e o almoço em nossa casa não fizeram mal). Há anos escreve uma coluna no "Diário de Pernambuco" (aparte – acho que é o jornal mais antigo do Brasil). Mas, quer deixá-lo; não escreve nada de literatura agora, diz que está cansado.

Falou do Movimento Armorial (criado por ele nos 1970), movimento já ido, mas, durou 10 anos. O objetivo diz Ariano foi igualar o movimento intelectual de Tobias Barreto no Nordeste-Recife em 1870. Acha que cumpriu com isso, a tese principal trazer cultura popular ao cenário intelectual. O pessoal do Quinteto Armorial se mudou a João Pessoa em 1977 e aí acabou-se.

Diz que meu livro de 1973 já é livro básico de leitura no campo de cordel. Diz que leu a segunda edição (o manuscrito), gostou muito das entrevistas e que Moacir Dantas sim vai publicá-lo. (Irônico isso em 1981). Nunca chegou a acontecer.

A família já cresceu; as crianças ou estão na faculdade ou formados. Ariano já perdeu cabelo, é mais grisalho, na casa dos 50 anos. Leciona história cultural no programa de pós-graduação na UFEPE, gostando de relacionar a literatura erudita clássica à cultura popular. (Seria desta época e depois que Ariano criou as "aulas – relâmpagos" depois tão badaladas no Brasil).

Doou a própria coleção de cordel à Universidade, e "parece que tem sumido". Sobre este detalhe, parece que tudo é desgosto; Ariano anda "desilusionado" em quanto à coleção. Acha, com tudo, melhor tê-la guardado em casa.

De passagem, a "O Romance da Pedra do Reino" está agora em alemão, feliz disso.

# ENCONTRO E CONHECENDO MARK DINEEN – NOVIDADES SOBRE O CORDEL E OS PESQUISADORES

Mark era de Londres e Oxford e chegaria a ser um bom pesquisador com livros sobre o cordel. Foi ele quem fez contato comigo. Amigável, simpatico, Mark pesquisava o cordel em 1981, o Nordeste e o Movimento Armorial. Suas novas e dicas: Conheceu Átila de Almeida na Paraíba (eu ainda não conhecera o Átila naquele então), falando que o Paraíbano tinha uma coleção de 7000 livros de cordel, que no futuro seria um dos acervos mais importantes (isto aconteceu depois da morte do mesmo, a coleção ficando na Universidade Regional do Nordeste em Campina Grande, que conheci em 2005).

A Candace Slater anda agora em Juazeiro, fazendo a pesquisa do campo para o futuro livro sobre Padre Cícero (que resenhei logo para uma revista nos EUA). Idelette Mozart está em París e acaba uma tese gigantesca de dois volumes sobre o Movimento Armorial. Franklin Maxado está em São Paulo, vivendo pobremente do cordel com uma loja e apartamento pequeno naquela cidade. Abraão Batista é professor e faz cordel em Juazeiro do Norte. Pedro Bandeira é empresário em Juazeiro, um "manda-chuva" entre os cantadores lá.

Mark acredita que há duas modalidades do cordel: os tradicionalistas como Rodolfo Coelho Cavalcante, Manoel Camilo dos Santos, etc. e os novos como Franklin Machado, Abraão Batista e J. Borges. Diz que os novos são muito mais "comercializais", menos "puros" nas raízes rurais. Não sei se concordo com isso, especialmente tocante a J. Borges. Acredita que a ligação entre o cordel e a literatura erudita vem de longe – pelo menos de Mário de Andrade nos anos 20, e antes disso com Alencar e Franklin Távora no século 19. Falou da Casa de São Saruê no Rio, o museu "pessoal" de Umberto Peregrino (que conheceria mais tarde). É um general aposentado com ligação ao governo atual. Uma força no Rio. Isso, em 1981. Ficamos em contato, trocando cartas através os anos.

Notícia "Relâmpago" no "Diário de Pernambuco" 9 de agosto 1981.

Ariano Suassuna anuncia que "sai" da literatura. Foi uma "bomba" no Brasil. Desilusionado e precisa descansar, diz. Acontece que estive com ele a noite anterior à "bomba" e falou disso entre nós em casa.

# EM FIM...

Passei o ultimo dia no Recife em um almoço com os Veloso – churrasco de bife de boi, arroz, batata frita, cebola, cerveja, e, aquela noite – o suflé de camarão de Dodó (a empregada que conhecia eu desde os 60). Por casualidade, ligação coincidente com o Arizona, o nome do cachorro é "Apache". Em um passeio Flávio me levou a Boa Viagem e a Brasília Teimosa, a pior favela em Recife, isso para chegar ao Yate Club! Fica em um braço do mar que segue a costa até o porto de Recife.

Tinha andado bastante ocupado em Recife; foi um bom estágio e vi muitos amigos velhos. E fiz os contatos que queria, menos o com o poeta Marcos Accioly e o escritor de folclore Liêdo Maranhão, mas, não sem tratar. Haveria de esperar e ver como me tratariam Moacir Dantas e a UFEPE sobre a possibilidade de fazer uma segunda edição de "A Literatura de Cordel," meu primeiro livro no Brasil. Fiz todo o possível no momento, e não terminaria bem. Psicologicamente, foi difícil isso. Mas, o mundo parecia de cor de rosas com muitas promessas por todos.

# VOLTA AO RIO DE JANEIRO, 10 DE AGOSTO, 1981

Encontro com o folclorista Théo Brandão na Livraria José Olympio no Rio

Esta livraria e editora ainda era talvez a melhor no Rio para livros do Nordeste, editora de José Lins do Rego, Manuel Bandeira e outros. Aí conheci de novo Théo Brandão (a primeira vez foi no congresso de 1973). Já velhinho, mas ainda pesquisando e escrevendo – está fazendo uma versão brasileira do "Stith Thompson Index", famoso no folclore mundial. Feliz a me ver (notei nesta viagem que foi o caso com muitos dos escritores; estava eu começando a criar "obra").

# CONHECENDO IVAN PROENÇA, FILHO DE MANUEL CAVALCANTE PROENÇA, ORIENTADOR DE ESTUDOS EM 1966

Sabia de mim via Dóris Turner (a professora de português na Saint Louis University). Parecia interessar-se muito no meu estudo de Guimarães Rosa e o cordel. Levei-o a ele. O plano foi: ele lê, toma uma decisão, passam 20 dias mais para o conselho editorial a decidir, e o contrato é feito, 10 por cento dos exemplares feitos. Falou também para eu mandar para ele o estudo em Pernambuco, caso não saísse lá. Pediu uma nota biográfica para a orelha do livro. Se saísse tudo, abriria muitas portas no Brasil. Pois, nunca se deu, outra promessa não cumprida e nunca cheguei a saber a razão verdadeira.

Haveria outro encontro com Ivan anos depois e muito mais feliz. Conversamos de seu amor pela música "Jazz" de New Orleans e depois me permitiu ver o acervo particular de cordel. Tomei nota de uns poucos que ainda não conhecera para o futuro livro "História do Brasil em Cordel".

# A VOLTA AOS EUA

Pois, voltei com muitas esperanças para a futura vida profissional. O livro sobre o cordel prometido em Pernambuco para o fim de '81, o livro sobre Jorge Amado na Bahia, isso com certeza para o final de 1981, a promessa de publicação futura do livro sobre Cuíca de Santo Amaro em Salvador, e, a promessa de Guimarães Rosa na José Olympio. Fantástico! Foi nesse momento que decidi pedir a promoção para catedrático ou "Full Professor" na ASU, tudo decidido em boa fé. Pois, o livro sobre Jorge Amado saiu em novembro de 1981; mandei o manuscrito do livro sobre Cuíca de Santo Amaro em 1982, mas não deu certo. Pernambuco renegou na sua promessa. José Olympio renegou. Recebi a promoção, mas, aquele futuro prometido ia demorar anos a acontecer.

# NOVEMBRO DE 1981 – A COMEMORAÇÃO DOS 50 ANOS DE LITERATURA DE JORGE AMADO E A SAÍDA DO LIVRO MEU "JORGE AMADO E A LITERATURA DE CORDEL – GRANDE MOMENTO NA CARREIRA PROFISSIONAL!

# INTRODUÇÃO

Terão de me perdoar pelas notas um tanto pessoais. Um evento como este acontece pouco na vida. Esta viagem foi muito especial. Celebram em Salvador os "50 Anos de "Literatura de Jorge Amado," naquele então o escritor brasileiro mais lido dentro e fora do país. O patrocinador é a Fundação Cultural do Estado da Bahia. Meu livro, "Jorge Amado na Literatura de Cordel" está programado para sair durante a celebração, o único livro assim escolhido. Foi um grande evento na vida profissional.

# COMO ACONTECEU

O livro foi o projeto de licença sabático de 1975. Para fazê-lo foi preciso um conhecimento amplo da literatura de cordel mais uma leitura vasta da obra de Jorge Amado, perto de 20 romances na época. Requeria pouca pesquisa fora disso, mas, trouxe uma leitura única e uma abordagem nova à obra. Mandara o manuscrito a CRB no Rio originalmente em 1976, foi rapidamente aceito e engavetado até este evento. Edilene Matos, planejadora dos "50 Anos" andava catando obras afins para os "50", viu o título no catálogo da CRB e negociou um convênio de co-editoração. Em fim, foi sorte minha, mas, também a persistência no trabalho.

# O VOO

Cheguei bem à Varig em Los Angeles, mas aí houve uma demora de duas horas e meia devido ao tráfico na Cidade de México. Ceamos na pista do aeroporto de Los Angeles devido à demora. Havia "luz verde" na alfândega do Galeão e ainda assim quase perdi o voo para Salvador. A orla e a cidade, lindas como sempre, mar verde-azul, quente o ar, e o "frescão" ao Grande Hotel da Barra.

Os velhos amigos Carlos e Edilene vieram ao hotel saudar-me, com o livro na mão. É difícil explicar a alegria que senti eu. A capa cor de uva com xilogravura de Calasans Neto (artista famoso na Bahia, ilustrador dos livros e grande amigo de Jorge) – acho um favor feito ao Jorge. Carlos já mandou convites e anúncios do livro a todas as partes do Brasil. O 6 de novembro será o dia grande na Banca de Folhetos da Ordem de Rodolfo Coelho Cavalcante em frente do Mercado Modelo de Salvador, e uns dias depois haverá o lançamento do livro meu no Itaguemi Shopping (o mais novo e luxuoso da Bahia naqueles anos). Já houve notas na "Tarde"; Cunha está na "sua", é isso mesmo o que faz de carreira na Bahia. Mestre de relações públicas.

Os Cunha. Carlos está de volta à Fundação, dirigindo a distribuição de seus livros. Edilene andava doente, de nervos disse, doença longa, mas agora está de cabeleira nova, bonita. Cunha agora sem bigode e mais gordo. As crianças (de Edilene) Carol com um dente quebrado e Bruno com um novo cachorro, "Black Lab."

# CARLOS CUNHA E "A SUA"

Diz que o livro é "sólido, verdadeiro e sem pretensões" (verdade isso). Dirá pouco ao pessoal de teoria literária, mas, é o primeiro livro a realmente ligar o autor Jorge Amado à poesia das massas. Fala que Alfredo Machado da Editora Record (editora de toda a obra de Amado) talvez queira fazer uma edição comercial que venderia até 30.000 exemplares (nunca aconteceu). Espera muita gente para o dia 6; repete que a Fundação vai editar o livro (em preparo) meu de Cuíca. Diz que outros usarão meu livro como "ponto de partida" para estudos sobre Jorge. ("Língua de prata," a de Cunha, mas para um rapaz de uma granja de Kansas, gostei das palavras). Seguem os dias do calendário e os eventos da Comemoração

# 1 DE NOVEMBRO

Tirei fotos do Hotel da Barra, e depois me mudei para o Hotel Bahia do Sol (da FCEB), almoço no Restaurante Itália, caminhada no Parque Vila Velha, e levei presentes a Dona Hilda (da hospedagem do verão de 1981).

# 2 DE NOVEMBRO

Com Carlos, Edilene e a família, passeio pela orla, e acarajé. Na casa deles vi na televisão uma entrevista com Jorge Amado no jardim de sua casa em Rio Vermelho. Vestido de camisa estilo Havaiano, falou da comemoração a vir, do cordel e os trovadores e de meu livro. Mostrou-o na televisão dizendo, "um professor norte-americano vem para lançar o livro." Disse que é uma tese traduzida (erro do Jorge; sempre escrevi tudo na língua portuguesa original, claro com correções na editora). Acontece que a tal entrevista saiu na televisão nacional. Se conheceres "Tenda dos Milagres", faz lembrar o Levinson no Brasil, só um pouquinho, talvez esquisitice meu.

Foi um momento emocionante para mim, esta a entrevista, a primeira que vi do Jorge "ao vivo", mesmo na televisão, em um sentido uma apresentação dele a mim, isso depois de uma leitura de suas obras desde 1967. Parecia-me muito digno, já com 70 anos, cabelo bonito cor de prata, a fala mesurada, calma. Aparte: Amado me contou que o folclorista de grande renome Theo Brandão morrera em setembro havia pouco.

Aquela noite, na casa dos Cunha, Carlos me mandou dedicar um exemplar do livro a "July" colunista social da "Tarde". Fez isso assim para criar mais publicidade. Cunha é mestre destas coisas.

# DIA 3. COM JORGE AMADO

Peguei taxi à casa de Jorge Amado, tudo combinado por Cunha. Fica uns dois quarteirões da praia, mais ou menos calma a vizinhança. O portão foi talhado por Calasans Neto, motivo de flores tropicais. Aí fui apresentado ao Jorge, a João Jorge o filho, a Dona Zélia e à esposa de João Jorge. Tive uma impressão ótima de Zélia desde o primeiro momento; parecia-me muito amigável, simpática e boa "mãe" de família. Andavam ocupados na preparação de centenas de exemplares e edições de todos os livros de Jorge para o catálogo oficial da comemoração. Mas, me deram tempo. Jorge, vestido em uma camisa vermelha de mangas curtas, era bastante gordo, cabelo cor de prata, parecia estar na casa dos 60. Presença "imponente". Muito cansado, bocejava várias vezes, desculpando-se pela falta de dormir. Está também no meio de preparações para a exposição dos livros seus no Teatro Castro Alves.

Dai, uma dose de humildade. Disse que leu meu livro, gostou, mas, não deu detalhes. Finalmente só perguntei "Acertei"? Disse, "É, sim".

Falou de uma carta minha dirigida a ele que só recebeu tarde, em Portugal, isso devido a uma greve nos correios. Tem ideia para um romance novo, mas, pouco tempo ainda a escrevê-lo. Contou estórias, junto à Zélia, sobre Cuíca de Santo Amaro. Gosta do poeta, mesmo sendo "chantagista" e "sensacionalista". Zélia contou de uma vez quando Cuíca tinha denunciado um livro escrito sobre a Bahia, mas, louvou o livro de Jorge ("Bahia de Todos os Santos") porque apareceu o poeta nele.

Interessou-se no último sabático meu, fazendo perguntas; falei de meus trabalhos anteriores, de Dóris Turner (que o conheceu), da pesquisa do livro sobre Cuíca e planos para o dele e o de Rodolfo (sem saber que Jorge repetiria muito da conversa mais tarde em entrevistas para a prensa e na TV, assim meus planos particulares sobre Cuíca e Rodolfo já andaram "soltos", não necessariamente uma coisa boa. Roubam ideias no Brasil.) Gostou muito da tese minha sobre Rodolfo, se acordando com a ideia minha de ser Rodolfo "empresário" e "moralista tradicional". Pediu que mandasse exemplares do livro sobre ele a Paulo Tavares e Raymund Cantel (fi-lo, recebendo uma nota de agradecimento do Tavares, e nada do Cantel).

Falou de modo muito detalhado e conhecedor do cordel (especialmente de sua época nos 40 e 50) – do papel da Casa de Rui. Falei do Núcleo, do bom trabalho de Edilene e Carlos. Conhece bem a história dos artistas de xilogravura, Minelvino Francisco Silva de Itabuna, e o cordel em Pernambuco e Ceará.

Falamos de amigos mútuos – Manuel Cavalcante Proença, Théo Brandão, etc. Disse que haveria entrevistas pedidas para mim, querendo saber o endereço do hotel, telefone, e ele os mandaria falar comigo (o rapaz de Kansas quase não pôde acreditar o que estava ouvindo).

Convidou-me para o almoço depois da comemoração no restaurante de Camaféu de Oxossi no Mercado Modelo. (Cunha vem enfatizando que o livro meu é o único a sair durante a comemoração.)

Tem dois cachorros – "Pugs".

Serviu-me uísque, cafezinho e bolo! E, mostrou uma porção do videoteipe da novela "Gabriela" com Sônia Braga. O encontro total foi de mais de uma hora e meia – acho que nada vai superar isso!

# DIA 3. O LIVRO ESTÁ PRONTO

O livro está pronto e há exemplares na FCEB. Fui lá, peguei a parte minha, 100 exemplares! E levei ao hotel. Depois fui com Cunha à Livraria Civilização Brasileira, conhecendo o dono Dmeval Chaves, que fará a festa do lançamento do livro. O preço vai ser 300 cruzeiros.

Fui a Banca dos Trovadores em frente do Mercado Modelo e um encontro com Rodolfo, com Cunha. Vi o mestre preparando o cenário: como fala com muito cuidado ao Rodolfo, devagar, calmo, porque "anda confuso". Manda que RCC arranje um bolo para apresentá-lo a Jorge em nome de todos os trovadores, e sugestiona ao velho trovador a ideia de cantar-lhe "Parabéns para Jorge" ao apresentar o bolo. Explica como os cantadores presentes devem improvisar sobre "Gabriela" e não o prefeito ou o governador. Que RCC prepare um discurso, nada improvisado, nada de bobagem. RCC gosta de tudo, a bajulação, o momento, o ser importante. É de admirar ver o Cunha em ação; os olhos de Rodolfo brilharam em antecipação de todas as possibilidades. Realmente, não se dera conta antes da grandeza e importância do momento em Salvador.

Aparte: as novas do momento. RCC já tem um "Clube dos Trovadores de Trovas", mais uma vez voltando a essa gente. Cunha pede que faça um de seus diplomas para Zélia Amado, como "Madrinha dos Trovadores". Cunha realmente é homem de relações públicas; seria de muito sucesso se fosse a América do Norte! Foi pedido fazer um "Suplemento Literário" para a ocasião, mas, vendo que não pôde conseguir o pessoal bom de teoria literária, (não explicou o porquê, mas, Jorge Amado nunca fora aceito pelos grandes de teoria literária, apesar do sucesso nacional e mundial, isso por vários motivos) recusou o pedido. Fala que nunca teve um emprego "normal" de 40 horas, não precisava, sempre andando bem no "free-lancing". Depois da comemoração voltará à Fundação Cultural da Bahia como "chefe de editoração", divulgação e distribuição de livros.

Carlos Cunha também é poeta, da onda "moderna" e realmente dirige "a situação de livros na Bahia". Falou de suas ideias sobre a literatura e a crítica literária; está em contra o formalismo e quer um "modelo brasileiro". Não entende certos aspectos do trabalho de Edilene e vê a universidade como uma "deformação" do estudante de literatura, isso devido à crítica usada. Teme que Edilene acabe na onda disso (e, de fato, aconteceu, mas, mantendo o tema do cordel da Bahia, ver os livros dela).

# O MESMO DIA. ENTREVISTAS NA TV

Fui chamado de repente a aparecer na Fundação, uma entrevista na televisão Canal 7, TV Itapoan, que acabou sendo de 10 minutos. Não houve tempo para ficar nervoso; aconteceu tudo tão rápido. Vi a entrevista mais tarde no televisor dos Cunha no mesmo dia, vinculação a todo o Brasil. Para falar honestamente, meu português foi bom, fazendo só um erro: em vez de "dívida" falei "dúvida" Ai. Amanhã, está programada uma "entrevista coletiva" para a Prensa Baiana na Fundação. (Tudo me pareceu bastante irreal, mas estou calmo.)

# O MESMO DIA, 5 DA TARDE.
# REPÓRTER DA "ISTO É"

Recebi um telefonema do jornalista-repórter de "Isto É", uma revista de notícias nacionais, como "Time" ou "Newsweek"; o repórter estava na Bahia para cobrir a comemoração. O responsável foi o próprio Jorge. Sozinho no quarto do hotel, o telefone toca, "Halo, é Geraldo Mayrink quem fala da "Isto é", querendo entrevista". Eu só conhecia vagamente a revista, culpa minha; corri à rua e comprei um número para conhecer um pouco a mesma. Os sentimentos meus no momento foram a surpresa, me sentindo muito bajulado, e também achei tudo um pouco engraçado. Não posso acreditar em tudo que está passando, e que tudo seja sério e não um engano ou truque. Pensei, "Estarei de volta à vida normal na ASU em uns dias;

vamos aproveitar o momento, como Segismundo em "La Vida es Sueño" -- "Em quanto viver, sonhemos," ou algo assim.

Geraldo Mayrink o entrevistador e jornalista é profissional e ótimo, Ele vem junto com o acompanhante, o fotógrafo, os dois em "estágio" especial na Bahia para cobrir o evento. Assim foi: Mayrink, bom repórter, calmo, e o fotógrafo batendo fotos o tempo inteiro. Tudo saiu como pensado e planejado. O artigo principal de "Isto É" aquela semana foi a Comemoração dos 50 anos de Jorge, ele na capa, e seu servidor com uma foto e meia-página de texto da entrevista, na mesma página do elogio do famoso governador Baiano, "mandachuva" há tempo no Estado, Antônio Carlos Magalhães.

Posso dizer que dei uma boa entrevista durante os 30 minutos. Segundo as perguntas, falei de Amado, minha "criação" e "background" e interesses, o Núcleo, Rodolfo e a Banca de Trovadores, Cuíca, cordel e as possíveis abordagens ao mesmo, e o caráter e generosidade de Jorge Amado para comigo, gastando dando tempo comigo, encaminhando entrevistas, e sua opinião do meu livro.

Os comentários de Mayrink depois da entrevista foram estes: tudo foi uma grande revelação a ele, tudo novo para ele, estava feliz de me conhecer e conhecer meu trabalho e a importância do cordel, e apreciou minha abordagem e ponto de vista. Aparte: falou que Mário Vargas Llosa estaria aqui representando a mídia peruana.

Escreví: "I may be hard to live with after this." A alegria durou pouco porque estava sozinho aquela noite, e, voltei à realidade rapidamente. O porquê: não houve ninguém com quem compartilhar isto tudo. Mas, daí escreví estas notas, e nós dois, Keah compartilhamos tudo depois no Arizona.

Encontro com o Artista Sinésio Alves na Casa dos Cunha

Houve outro encontro com Sinésio; a imagem o mostra e o modelo do poeta de cordel Cúica de Santo Amaro, anos depois em 1990 Salvador, na ocasião do lançamento do livro meu sobre o poeta.

# ASSISTINDO, POR FIM, O FILME "TENDA DOS MILAGRES" DA OBRA DE JORGE AMADO

Assisti ao filme no auditório da FCEB e foi um momento emocionante para mim porque acredito que é o romance mais importante de Jorge Amado, não necessariamente o mais divertido, mas, o mais importante no sentido de tese. Peguei muito pouco do português devido ao sistema de som horrível no salão; era auditório e não cinema. Mas, conhecia o romance tão bem que pude seguir tudo e apreciá-lo muito. É que a totalidade destes romances de Jorge e a cultura popular nordestina têm sido partes de minha vida por tantos anos, que, acho, é parte de mim. Em um sentido, este fato é consolo pela parte negativa—a solidão muitas vezes sentida nestas viagens sem família ou amigos. Mas, vou saborear tudo quando chegar a casa no Arizona e me der conta de tudo. Também estou me dando conta que este evento e estes dias são um evento que acontece só uma vez na vida; só há um "50 Anos" para Jorge, e só um livro sobre ele por mim. Filosofando: vendo os anos idos, acho que fiquei fiel à visão do possível para mim, sendo guiado por não sei quê, mas, no fim dando certo.

Voltando ao filme; tinha cor boa, boa fotografia, seguiu o enredo e "flashbacks" do romance bem. E conseguiu mostrar a tese do autor. E, de passagem, o cordel saiu no filme; acontece que minha tese também anda bem.

# ANTÔNIO "BARBEIRO" NO NÚCLEO DA LITERATURA DE CORDEL

Acaba de ler meu livro sobre Amado e literalmente me abraça e me louva, genuinamente parece. Tenho uma nota a mim a lembrar destes momentos pequenos para quando vierem os tempos difíceis. Lembro bem escrevendo o livro sobre Jorge em 1975 em casa em Tempe, Arizona; as palavras vieram facilmente (e em português). Será que alguém me estivesse ao lado, ajudando? O mesmo aconteceu com quase todos meus oito livros até agora. Antônio é pessoa humilde, simples, mas acho que a opinião dele é pura e genuína. E estou orgulhoso disso.

# NO MERCADO MODELO COM RODOLFO COELHO CAVALCANTE

Houve um encontro não esperado com Rodolfo Coelho Cavalcanti e Camafeu de Oxossi. Este é famoso, um "tipo popular" do Mercado, da Bahia e amigo faz tempo de Jorge. Aparece em muitos dos seus romances como personagem, e, Jorge o empregou como narrador popular em "Teresa Batista Cansada de Guerra". Na casa dos 60, com o famoso chapéu de palha, falou de Cuíca e o cordel, mas, sem nenhuma novidade para mim. Rodolfo bebia e estava bem "cheio de si", me apresentando ao Camafeu como "meu biógrafo". Quer vir para os EUA, seria o cúmulo da carreira. Quem me dera acomodá-lo, mas, não é possível naqueles dias na ASU.

Nestes dias sou um "regular" na Banca dos Trovadores; Rodolfo me dá todos os novos diplomas que parece fazer diariamente. Leu parte do discurso que prepara para a comemoração, querendo o "apoio". Acaba de lançar o "Clube dos Trovadores da Bahia". Pediu permissão para me colocar na capa do próximo jornal seu do mês que vem como "sócio correspondente dos EUA". Mas, conheço bem as manobras de RCC e me desculpei disso.

# A COMEMORACAO, 6 DE NOVEMBRO DE 1981

Foi um dia belo e grande. Peguei táxi à cidade baixa, ao Mercado. Ao redor da Banca dos Trovadores já havia bandeiras, flâmulas, mesas com flores e RCC em toda sua glória. Falei pouco com ele, não querendo estorvá-lo. Conheci um senhor Salgueiro Antunes e a esposa, ele veterinário de Lisboa, encarregado dos assuntos do aeroporto internacional. Depois me convidou hospedar-me em casa deles quando em Lisboa.

Conheci por primeira vez o artista Calasans Neto e a esposa Autran Rosa, recém - chegados de uma exposição dele em Washington D.C. (ele também é um dos narradores populares em "Teresa Batista"). São grandes amigos de amigos meus na Califórnia – Nancy Baden e Ron Harmon da "California State - Fullerton." Muito aberto, simpático e genuíno, disse que teve medo que eu não gostasse da capa do livro (ao contrário).

Conheci Permínio Válter Lírio poeta de cordel da época de "Jubiabá"; será homenageado hoje mesmo, espontaneamente por Jorge. Cantarão juntos "A Greve do Circular," canção de protesto dos anos 1930. Permínio é antes de e contemporâneo ao Cuíca. Edilene Matos quem arranjou tudo fica atrás e a esposa de Permínio à esquerda.

Não era pouca coisa. O célebre romancista peruano por uma série de coincidências estava na Bahia fazendo pesquisa sobre a Guerra de Canudos (1896-1897), guerra que foi reportado por Euclides da Cunha no clássico brasileiro "Os Sertões." Vargas Llosa recolhia material para um futuro romance "La Guerra del Fim del Mundo". Dizem as más línguas que roubou o enredo todo, mas, para saber o certo, veja um número de "Veja" de 1984.

Aproveitava o momento para atuar-se de repórter para a televisão peruana sobre a Comemoração. Amigo faz tempo de Jorge Amado, sua presença foi notável. Acontece que tudo isso foi antes de se candidatar para a presidência peruana, perder a eleição, "desterrar-se" voluntariamente à Espanha, e logo ganhar o Prêmio Nobel de Literatura, coisa que sempre pensara o autor que também devia ir ao Jorge.

Jorge Amado chega e a mídia literalmente o envolveu. Pareciam "paparazzi". RCC deu seu discurso longo, meio "barroco" e encabulado. Eu andava ocupado e preocupado em tirar fotos de tudo. RCC me chamou à mesa, "meu biógrafo", as câmaras da televisão rodando o tempo todo. Depois, tive um lugar excelente, na primeira fila das cadeiras, a ouvir as homenagens dos cantadores ao Jorge, a resposta dele, e muita coisa improvisada.

Amado parecia verdadeiramente emocionado por tudo (acho que vi lágrimas nos olhos). O discurso dele poderia ter saído do meu livro! Falou de suas raízes com o povo, com os trovadores. Opinião: acho que ainda há uma nota de classe social em tudo isso. Jorge também entende de relações públicas e, diz, pelo menos em parte, o que é esperado pelo público. Ainda há muita distância entre o erudito e o popular. Apesar de tudo, Jorge Amado ainda é filho de fazendeiro de cacau e da classe alta, a pesar de sua política.

No discurso, Amado agradeceu ao povo, aos poetas, dizendo que muito do que tem feito, é através deles (fiquei feliz porque coincide com minha tese), lembrou a greve do circular dos 1930, a música e as paródias do poeta Permínio, chamou-o ao palco e juntos cantaram a velha canção. Momento emocionante.

# O ALMOÇO NO RESTAURANTE DE CAMAFÉU DE OXOSSI NO MERCADO MODELO

Tudo aconteceu no restaurante no terceiro andar do mercado. Patrocinado por Jorge, agradecendo a todos. Os presentes: Camaféu de Oxossi, Calá Neto, Autran Rosa, João Jorge Amado, Zélia Amado, Jorge Amado, Mário e Patrício Vargas Llosa, Nélida Piñón, Celestino (amigo do Amado), violeiros, e Myriam Fraga (depois amiga minha, diretora da futura Fundação Casa de Jorge Amado no Pelourinho, que vai publicar "Cuica", poetisa de renome.)

O menu: vatapá, xinxim de galinha, arroz, molho de siri, peixe, tudo em "azeite de dendê", gostoso. Umas 25 pessoas presentes. Fiquei diretamente ao lado de Amado (não planejado, mas assim foi); Zélia no outro lado, Mário Vargas Llosa e Patrícia em frente de nós. Llosa se entusiasmou sobre o cordel. Falei espanhol com os Llosa, português com os Amado.

# NOUTRO DIA

Peguei táxi ao Iguatemi, já com um "display" bonito do livro meu, a mesa pronta para autógrafos. Fiz duas entrevistas de televisão, não me sentindo particularmente bem disso, pois, os locutores não pareciam saber nada do tema. Aparte: Cunha me fala que todos os canais locais cobriram a Comemoração, e houve dois minutos nas notícias nacionais, falando do meu nome e o lançamento.

O cenário (uma vez mais, leitor, me desculpe, estas coisas não acontecem a um rapaz de Kansas todos os dias, de fato, como 1981, nunca mais.)

# O LANÇAMENTO DO IGUATEMI

É o shopping mais novo e bom da Bahia, a melhor livraria da cidade. Eu, na mesa, com a pena na mão. Papo bom com quase todos os presentes: Calasans Neto, José Calasans (lembrando a fama de seu livro seminal sobre Canudos e a entrevista que tive com ele em 1966). Aí chegou Jorge, veio a meu lado, fazendo entrevista de TV de vez, ele falando do livro, de meus projetos, isso ao TV. Depois houve uma despedida calorosa, um abraço antes de sair, pedindo - me que telefonasse a manhã seguinte. Em fim: em todo o tempão Jorge para comigo foi incrivelmente generoso, uma falta total de "ego" na parte dele. Só senti o positivo dele, e este tratamento, no fim de contas, foi o mais importante de tudo. Não teria de me tratar assim, era bondade dele.

O cenário depois: câmaras de televisão rodando, assinando livros para RCC, Sinésio Alves. Os amigos Mário e Laís Barros puderam chegar e ele tirou muitas das fotos que guardo até hoje em dia; acho que ele era orgulhoso para mim.

Washington Luís, da CRB, estava presente; falou de um possível lançamento no Rio na outra semana. Edilene permanecia ao fundo, e RCC estava improvisando verso. Geraldo Machado, presidente da FCEB com sorrisos para todos. Thales de Azevedo, historiador importante em Salvador; Carlos Bastos, artista de renome, com 20 dos desenhos originais para "Bahia de Todos os Santos" (de fato desenhou aquele livro completo para Jorge). Mora também em Pedra do Sal, vizinho de Jorge. Cunha me contou que a cobertura pela TV foi ótima; mas, nunca consegui vê-la.]

E assim foi.

# OUTRO DIA

Dei almoço de agradecer aos Cunha em uma churrascaria na praia. Aí comprei a "tapeceira" grande de Artesanato Kennedy para Keah, mostrando em cores brilhantes uma baiana entre flores.

Outro dia.

Fui à praia de Piatâ com os Barros e logo ao "Prohibido" para o almoço – camarão à paulistana. Finalmente pude "relaxar", a primeira vez na viagem, tudo já feito. Nota – Mário diz que está pronto para sair do Brasil se "explodir" a situação no país; está preocupado pela recessão e condições gerais.

Conversa pelo telefone com Jorge Amado, muito ocupado, mas quer um encontro do Iguatemi (ainda outro lançamento, esta vez, de autores baianos).

Fui à Banca dos Trovadores e a despedida ao Rodolfo. Resultou sendo grande momento para tirar fotos da Bahia, do porto, coisas que ainda não tinha visto. Saiu tudo bem.

# LANÇAMENTO DE AUTORES BAIANOS, O SHOPPING DE IGUATEMI

Bati papo com Calasans Neto, Autran Rosa, Dona Zélia e Jorge (houve um grande abraço ao sair). Estava sentindo-me muito mais "relaxado" agora. Papo com Guido Guerra e recebi livros dele.

Um Momento Desagradável e Incômodo – Controvérsia na Bahia

Conheci o intelectual e escritor baiano Cid Seixas. Era inimigo de Cunha; tiveram uma livraria juntos anos atrás e o negócio saiu mal. Diz-me que Cunha "É víbora! Cuidado!"

O tema seria repetido no futuro, talvez sendo verdade, sei lá! Só posso dizer que o Cunha me tratou bem e não fossem ele e Edilene, a Bahia teria sido muito menos agradável durante os vários estágios de pesquisa. Devia muito a eles. Sempre tentei me livrar de encrencas locais, e, houve muitas em Salvador. O tal me faz lembrar, de novo, a descrição de Jorge Amado do ambiente intelectual na Bahia em "Tenda dos Milagres". Fim de contas, será Cunha, depois de nada acontecer com a publicação de um manuscrito meu engavetado na FCEB durante um par de anos, que me aconselhou escrever diretamente ao Jorge Amado sobre o livro de Cuíca. Daí, com a aprovação de Jorge tudo deu certo em 1991.

# ÚLTIMO DIA NA BAHIA

Fui à casa de Paulo Tavares, entrega do livro, falando dos livros seus sobre Jorge. A casa de Dona Hilda, ao Instituto Mauá com compras de azulejos das baianas. A "Portuguesa", com o ultimo almoço grande – sopa, filé, fritas, arroz, feijão, pão, salada de frutas, cerveja, cafezinho. Acho que seria a última vez, o lugar foi embora. Saudades.

Política Brasileira do Momento

O PDS dos conservadores e militares controla tudo, mas deverá haver eleições estaduais em 1982. O PMDB é o partido "oficial" da oposição, mas, sem valor ou "colhões" na opinião de muitos. Desde a anistia política de 1980, sob o General Figuereido, os radicais e esquerdistas estão de volta e tentando reganhar o poder. O PT (partido trabalhista de Lula) vem à tona, este ativo nas greves já famosas de 1980, 1981. O PTB tem Ivete Vargas, parente distante de Getúlio. Brizola está de volta e já governador do Estado de Rio de Janeiro. Carlos Prestes está por aí com um dos partidos dos trabalhadores. Jânio Quadros fica no cenário em São Paulo. O partido do governo controla a Bahia, o governador Antônio Magalhães, seu sobrinho o mesmo Geraldo Machado da FCEB, com a diretoria da fundação. Mário Kertesz do PDS é o prefeito de Salvador recém - despedido pelo governador. Lomanto Júnior parece aliar-se com Kértesz, assim a política local "está fervendo". Tudo isso é bom para o Brasil, ainda na ditadura, mas, a opinião geral é cínica e esperam que os militares se mantenham no poder e assim foi até 1984 e a campanha das "Diretas" e a eventual vitória de Tancredo Neves, mais sobre isso, a vir. Mas o momento parece quer uma "foto" de todas as figuras e eventos do recém - passado no Brasil.

# MOMENTOS AVULSOS DA ÉPOCA NESSES DIAS EM SALVADOR

A questão da "tarifa única" nos ônibus. O povão gosta; fica mais barato para eles. Renan Baleiro, o prefeito novo, jogou-a fora, isso porque Kértesz a tinha criado.

As invasões de terra continuam. Um amigo de Cunha mora em uma invasão perto do lago de Piracicaba. Interessante – cria escultura abstrata de peças velhas de carro, faz carros miniaturos de velhos fuscas, pinta. Conta que o governo está no processo de ceder título a pessoas das invasões.

Estou dando-me conta da "grandeza" já passada, a comemoração, o meu livro lançado com todo o apoio de Jorge.

Novidades. As bancas de jornal estão repletas de "pornografia", isso devido à "abertura" e menos censura por parte do governo, assim dizem. Uma espécie de "backlash" de anos repressivos. Se fizerem o sexo todos igual ao tempo que falam do sexo, não é de admirar o pouco trabalho que se faça em Salvador! O crescimento da população será o resultado? Difícil para o gringo andar nas ruas, ver a calça apertada, as blusas com decote, os biquínis na praia! País tropical!

Debaixo a superfície. Todos estão se esforçando para ganhar o pão da vida. Quase se sente o desespero da população. Depois do sexo, é a economia que manda nas conversas.

O ubíquo barulho, pior do que nunca. Ouve-se até no noveno andar do hotel. "Mood music" no lobby do hotel para enxurdar a gente, TV a todo volume. Quando fecho a janela do quarto do hotel, o barulho ainda é de ensurdecer. Em quanto escrever estas notas, olho pela janela à baia e um posto de sol lindo. As barcas da Cia. Baiana atravessando as ondas verdes do mar, entre o porto e a Ilha de Itaparica. Não há mais saveiros na cidade, mas, estão presentes ainda na

Orla, perto de Pituba. Nesses poucos dias, passei mais tempo na Orla, devido às circunstâncias – Barra, Ondina, Rio Vermelho, Pituba, Itapuã.

Turismo. Sem carro ou lugar bom para hospedar-se, seria difícil trazer a família para fazer turismo. O táxi não anda barato, e os ônibus sempre lotados e desconfortáveis. Curioso – com a exceção de um momento breve no lançamento, ainda não falei com nenhum norte-americano aqui. Mudança grande desde 1966-67. O pessoal já sai da cidade velha, há tempo, e mora na orla. Os vales internos, antes com favelas, já estão sendo derrubadas estas para o autopista interior. Só lembro que nos 60 quase que não saí da cidade velha ou a Barra.

Anedota. Durante a Segunda Guerra Militar, o pessoal da força aérea norte-americana morava em Itapoá (perto do aeroporto) e fazia feira e compras no Mercado Modelo!

# ULTIMA VISITA COM CARLOS E EDILENE.

"É ambiente de "pós-comemoração". Cunha anda preocupado preparando o cenário para outros eventos, os trovadores a visitar casas de velhinho para o Natal. Cunha zangado com Washington Luís da CRB após um artigo que saiu na "Tarde", este dizendo que a CRB financiou o livro meu e meus estudos no Brasil (mentira dessas!) E mesmo sem nenhum esforço para lançar o livro no Rio, como falado por WL. Cunha diz que a parte de exemplares do livro meu na Casa de Rui Barbosa no Rio de Janeiro não será bem distribuída. Sinal do futuro – a CRB guardou quase todos os exemplares do livro meu sobre Rodolfo Coelho Cavalcante em 1987, poeirentos no porão da Casa. Pois, com estas novidades daí saí de Salvador.

# O BRASIL MAY 1-31, 1985

# INTRODUÇÃO

Com uma bolsa de pesquisa da ASU, esta viagem teve como propósito atualizar-me com a situação do cordel, e, francamente, tentar encaminhar as publicações no Brasil. Antecipando - melhor ir ao fim das notas quando disse eu - "a viagem mais difícil minha ao Brasil". Daí não quero mergulhar-me nos detalhes, por serem um tanto tristes e pessimistas, mas, farei resumo da luta de publicar, e falarei um pouco do turismo. E, a pesar de tudo houve vários momentos bons! Veremos que tudo melhora, e rapidamente, em novembro do mesmo ano quando estarei de volta ao Brasil baixo circunstâncias bem mais felizes.

# RESUMO DE OBRAS, PROMESSAS DE EDITORAS E LUTAS PARA PUBLICAR. O LEITOR PODE SALTAR SE QUISER

Rio de Janeiro 1

Os exemplares do livro sobre Jorge Amado eventualmente chegaram na Fundação Casa de Rui Barbosa e estão esgotados.

Houve uma corrida de táxi na chuva à Editorial José Olympio para ver notícias de projetos meus; Ivan Proença brigou com eles e agora tem sua própria editora.

Orígenes Lessa diz, com subvenção, talvez a Nova Fronteira tenha interesse no livro sobre Rodolfo Coelho Cavalcante. Fomos lá.

Orígenes diz: Tire o estudo de Cuíca de Santo Amaro da Fundação Cultural do Estado da Bahia em Salvador; a Casa de Rui Barbosa publicará se ofereço subvenção de 2000 USD.

Bahia 1

Carlos Cunha diz que o livro sobre Cuíca de Santo Amaro seria bom para o Núcleo de Pesquisa da Literatura de Cordel em Salvador, parte da Fundação Cultural do Estado da Bahia, para Edilene, para todos. Edilene já leu o livro, corrigiu os erros de português, mas o livro está literalmente "engavetado". Cunha acha que a única solução é bater papo com Olívia Barradas, nova diretora da FCEB. Ela é cunhada do governador João Durvel Carneiro, assim, explicando em parte, o seu posto da chefia na FCEB.) Foi uma odisseia. Talvez conte mais. Mas, não deu em nada. Nunca bajulei nem roguei para publicar no Brasil, e não começo agora.

Decidi deixar o manuscrito de Cuíca, agora totalmente corrigida, com a FCEB e ver a sorte. Há mais detalhes, depois.

Pensei com os botões ao sair de Salvador: Escreva a Jorge Amado, fale da situação com o manuscrito de Cuíca. Fiz a carta, mas, diferente, tempos depois.

Rio de Janeiro 2

Estou na Casa de Rui Barbosa com Homero Senna e Orígenes Lessa: a Casa quer o livro de Rodolfo Coelho Cavalcante se houver subvenção; uma "pechincha" - $500 mais e farão o estudo "Grande Sertão: Veredas e a Literatura de Cordel" também!

No fim da viagem: fui eu sozinho à Editora Nova Fronteira; tirei o manuscrito sobre Rodolfo Coelho Cavalcante e deixei-o na Fundação Casa de Rui Barbosa. Falei com Homero Senna, o Diretor do Centro de Pesquisa: eles farão a revisão de RCC, mas não há fundos para publicar. Eu tenho que conseguir fundos.

# A VIAGEM

Fazia quatro anos que não tinha ido ao Brasil. As notícias de crime e violência estão em todas as partes, especialmente no Rio. O pessoal da Varig diz: o Rio não tem nenhum problema que outras cidades grandes no mundo não têm, mas, aconselha ter cuidado de noite (os assaltos dos ônibus até agora só acontecem nos bairros longínquos dos subúrbios). Um polícia foi morto ontem em uma estação do Metrô.

# NA CASA DE RUI BARBOSA

Antôniio Marco Nedú já foi embora; Sérgio Pachá está em Santa Bárbara nos EUA. Orígenes Lessa é diretor de cordel, mas, há meses anda doente, com hepatites.

Nota de cordel: Orígenes Lessa arranjou que Rodolfo Coelho Cavalcante viesse para a augusta Academia Brasileira de Letras in 1981; aí improvisou verso e recebeu a Medalha Machado de Assis! Rodolfo na sua!

# SOZINHO NO HOTEL

Há reportagens de roubos e violência no Rio. Os colegas velhos já estão idos, e há poucas possibilidades para meus estudos. Estou na fossa! (Tudo vai mudar depois). Mas, o mais importante é a parte filosófica: se meu produto na ASU é o próprio Brasil, e, se acredito menos nele, como posso "vende-lo" aos estudantes? Estou sofrendo dúvidas sobre a própria vocação, o papel em ASU. Nas belas palavras de Chico Buarque de Holanda: "Vai passar".

# ENCONTRO COM ORÍGENES
# LESSA NA CASA DELE

Ainda genial, chistoso, bem-humorado e "clever", Orígenes recebeu-me bem. Maria Eduarda ainda cuida-o com os problemas de saúde. Falou muito do cordel: o Professor Raymund Cantel da Sorbonne esteve no Rio, aparecendo bem mais velho e "gasto". O grande poeta de cordel, Manoel Camilo dos Santos, na Paraíba, "está nos últimos". Falou de RCC, a "Medalha de Ouro" e como ele, Orígenes, arranjou o convite e a viagem para o Rio e a estada na Academia Brasileira de Letras! Foi a grandeza para Rodolfo quem já tem um trabalho no Núcleo de Cordel em Salvador, com um pouco de renda cada mês, e benefícios de seguro de saúde. Lessa tem uma boa amizade com Edilene Matos em Salvador e acredita quando ela diz que não há fundos para fazer o meu livro sobre Cuíca de Santo Amaro, mas um dia, Orígenes me assegura, vai sair sim!

Há uma concorrência para um estudo breve sobre o cordel pela Casa de Rui Barbosa. Orígenes quer que mande o estudo meu sobre João Guimarães Rosa e o Cordel, isso para o dia 30 de maio.

Diz que há uma grande falta de interesse no cordel atualmente: houve uma palestra na CRB com o conhecido Ivan Proença e só 17 pessoas chegaram a assistir. Bahia não tem fundos para publicar, nem para Edilene Matos, a chefe de cordel lá. Mas, acha que o nome de um estrangeiro pode significar tudo, talvez o jeito seja levar o livro sobre Rodolfo Coelho Cavalcante à Editora Nova Fronteira. O plano: deixar o manuscrito com Orígenes; em quanto eu estiver no Nordeste, ele o levará a Nova Fronteira, e, daí terá uma decisão logo na minha volta. A NF é dos filhos de Carlos Lacerda (famoso politico em "História do Brasil em Cordel"), Sérgio e Sebastião.

# A FEIRA DE SÃO CRISTÓVÃO, A VISITA DE 1985

Nunca vi menos turistas estrangeiros; guardei com muito zelo a pasta minha. Fui ter com Apolônio Alves dos Santos na barraca; devido ao barulho, marcamos para uma entrevista na Casa de Rui Barbosa no próximo dia. Vendia muitas histórias sobre Tancredo Neves, a eleição e a morte. Estive com Expedito Da Silva, "Embaixador da Ordem de Poetas de Literatura de Cordel" do Rio, e, o filho Everaldo que faz gravuras. Expeditio acredita que Raimundo Santa Helena é a "ruína" do cordel no Rio com suas peripécias e loucuras. Conta que Franklin Machado está de volta ao Nordeste, Feira de Santana; o cordel não vai bem em São Paulo. E, Joseph Luyten, pesquisador principal, passará mais dois anos no Japão. Juazeiro do Norte tem alguma coisa, mas, é muito limitada. Recife e João Pessoa, quase sem nada. Rodolfo Coelho Cavalcante continua na Bahia com um trabalho no Núcleo de Pesquisa da Literatura de Cordel na Fundação Cultural do Estado da Bahia, mas, só faz encomendas e homenagens.

Topei com Gonçalo Ferreira da Silva, na Barraca de Apolônio na Feira de São Cristóvão. Segue o formato tradicional do nordeste, mas, é de contestação, supercrítico do governo, os políticos, e os EUA. Escrevi nas minhas notas: "Parece legítimo; tenho que ler mais de sua obra". (Gonçalo vai só aumentar a visibilidade nos anos a virem, virando o "mandachuva" do cordel no Rio com sua Academia Brasileira da Literatura de Cordel, na antiga "Casa de São Saruê" do General Reformado Umberto Peregrino.) Fará o papel de um Rodolfo Coelho Cavalcante no Rio, visibilidade, etc. Mas, depois fará muita coisa distante do cordel "tradicional".

Estive um pouco com o coitado de Azulão; só tem um livro novo. Sua esposa sofreu um derrame há cinco anos, em 1980, já andou hospitalizada umas 5 vezes. Não vem mais regularmente a Feira de São Cristóvão. Anos depois, tudo vai melhorar.

E estou com os irmãos Soares. Jerônimo tem a aparência de pobre nordestino: precisava fazer a barba, faltavam-lhe dentes, mas, a esposa é uma menina "branca" bonita. Marcelo era diferente – óculos redondos de vovó, mais jovem - tem estudado e está mais "por dentro" acho eu da juventude brasileira. Calmo; gostei muito dele; ofereceu-me uns dos últimos folhetos do pai (o famoso José Soares, repórter-poeta de Pernambuco). Tive que tirar dinheiro guardado nos sapatos para pagar. Sei que é difícil imaginar, mas o ambiente não é de brincadeira nestes dias no Rio de Janeiro.

Nesse ponto, estava sentindo-me nervoso na grande feira devido ao espaço pouco entre as barracas e os ladrões etc. Quem compartilha isso não sou eu, mas os próprios poetas. Mas ganhei alguma coisa. Mas, é evidente o tom e o ambiente de São Cristóvão em 1985, e a situação geral. O cordel está talvez em seu ponto mais baixo (só a morte do candidato democrático opondo-se aos militares, o Tancredo Neves de Minas Gerais, que o ajudou).

# NA FOSSA

No dia das mães, jantei sozinho no hotel. Pago um preço emocional muito alto por este estágio de pesquisa no Brasil; não posso deixar-me pensar muito nisso. Mas, fiz um "inventário" macabro – o grande amigo e colega de pesquisa há anos, Sebastião Nunes está morto; o amigo ganha na estada última em Salvador Luís Raimundo Fernandes está na Itália; o grande amigo dos anos de Rockhurst, Henrique Kerti está em São Paulo; o colega e amigo de pesquisa na Fundação Casa de Rui Barbosa, Sérgio Pachá, está em Santa Bárbara. Senti-me velhinho, os únicos contatos o velho Adriano na Casa de Rui e também o velho e doente Orígenes Lessa. O ficar fiel a Keah – obrigação da religião, da criação católica e de moralidade pessoal – é por minha escolha, mas, com um preço a pagar. Perguntei-me – e meu prêmio? No Céu ou de volta em Tempe?

Troco dinheiro no hotel, mesmo com câmbio menor – pelo medo de assalto depois do banco e na rua.

# APOLÔNIO ALVES DOS SANTOS
# NA CASA DE RUI BARBOSA

Um Aparte -- pensando com meus botões – as viagens no futuro terão de ter menos a ver com o cordel. Mas, as coisas iam melhorar-se e muito – o prêmio em novembro de 1985 e uma viagem ótima, o livro de Rodolfo Coelho Cavalcante na Nova Fronteira em 1987, o livro sobre Cuíca na Bahia em 1990; o livro na Espanha em 1991; o convite à Brown em 1994 e conhecendo Sérgio Miceli; o livro na EDUSP em 1998, e por diante! Uma lição longa de perseverança!

Houve um papo longo e bom. Ele muito simpático; achava achando que o cordel está voltando para o fim. O leitor talvez note que os tempos não eram bons somente para o pesquisador norte americano, mas também para os Brasileiros e o Brasil. Voltando à história de Apolônio, depois de anos em Brasília, se mudou ao Rio e começou a negociar o cordel na Feira de São Cristóvão na Zona Norte do Rio. Comprou uma casa de taipa na favela em Benfica e gradualmente "a fez bonita", mas, não é dono do terreno; aluga. É parte de uma velha invasão de terra. Não tem nenhum benefício do governo, nem aposentadoria, mas paga INPS. Nasceu em 1920 (agora está com 65 anos, parece estar com menos). 100 por cento da renda de vida vêm do cordel. A esposa trabalha; não há crianças. Convidou-me à casa. (A colega Candace Slater também apareceu na Casa e almoçamos juntos.) Pensei nesta época fazer um artigo ou talvez um livro sobre Apolônio, mas, a Candace em efeito o fez como capítulo no seu livro, e, daí desisti. Contou-me Apolônio de uma vez quando comprara um frango na bodega de esquina na favela e foi roubado no caminho à casa, perdendo o frango. Falou de outro poeta morando em Benfica, o Palmeirinha; foi morto a tiros por um ladrão em quanto trabalhava de guarda noturna. Apolônio não tem aposentadoria nem esperança dela no futuro. Parecia-me pessoa simples, limpo, digno. Vestia uma camisa US Top bonita, calça boa e sapatos bonitos de couro. Parece tímido, humilde e mais que tudo, bonzinho. Tocou no meu coração – nós nos EUA devemos pôr-nos de joelhos dando graça a Deus pela paz e prosperidade em nossa vida!

# ENCONTRO COM ORÍGENES LESSA,
# A ODISSEIA À NOVA FRONTEIRA

Orígenes acaba de chegar à Casa de Rui, com 81 anos mas muito vivo, muito inteligente e com muito humor. Me deu um aconselho: tirar o estudo de Cuíca da Fundação Cultural do Estado da Bahia, trazer para a Casa de Rui Barbosa que o publicará com subvenção de $2000 da ASU – "Negócio bom para todos"! É que a Casa tem funcionários sem nada a fazer, sem manuscritos, mas, também sem fundos.

Acompanhei Orígenes à Rua Maria Angélica no Jardim Botânico à Editora Nova Fronteira, a editora mais próspera no Brasil naqueles tempos, os donos a família rica dos Lacerda (de fama de Carlos Lacerda). Orígenes propôs que lessem o manuscrito meu sobre RCC, que ASU fizesse subvenção de $2000, e que a CRB preparasse o manuscrito, assim um convênio com a NF. Há de ligar para eles no 21 de maio para ver a decisão. Orígenes tem 4-5 livros editados com eles. Minha reação (entre os botões– pessimista porque Nova Fronteira não faz este estilo de livro.) Sebastião Lacerda era muito cuidadoso na entrevista conosco, um tanto pessimista nos seus comentários, e francamente, sem entusiasmo. Não sentem nenhuma ligação ou boa fé com o cordel. Penso eu: Cuíca na Bahia com minha subvenção; RCC na CRB no Rio com subvenção.

Depois desses momentos de luta de publicação, cansei, desisti e aproveitei para fazer algo diferente.

# O "BRAZILIAN AIR PASS"

A Chegada em Salvador

Saí do Rio e peguei voo à Bahia via o Galeão; camarão e filé de almoço no avião. Sempre houve aquele choque ao chegar ao aeroporto de Salvador – o calor, a humidade, que mudança do "frio" do Rio (inverno!) Logo peguei o "frescão" pela orla linda ao Hotel Bahia do Sol. Mar verde-azul, praias lindas, passando Amarelinha e o Templo de Iemanjá. J. Amado está na Europa de novo, até outubro.

Reencontro com os Cunha. (A última vez tinha sido em novembro de 1981, a comemoração de Jorge.) Carlos é chefe do Núcleo é secretário executivo da Academia Baiana de Letras. Edilene é chefa da nova seção de literatura da FCEB e assistente à Olívia Barradas chefa da FCEB. Geraldo Machado, sobrinho de Antônio Magalhães agora é Secretário de Cultura do Estado. Magalhães é ministro federal de comunicações, na administração de José Sarney. Cunha falou que GM fez muitos livros caríssimos de arte em quanto presidente da FCEB, e a fundação ficou sem verba! Há 200 manuscritos engavetados, até um de Gilberto Freyre! (Curran, que achas disso?)

Têm novo apartamento. Carlos coleciona pássaros – sabiá, cardeal, azulão. Novo cachorrinho. Bruno com 10 anos, Carole com 12.

RCC agora é um burocrata permanente no Núcleo; vem quase todos os dias, faz a correspondência na velha máquina de escrever. Recebe $160 por mês e direito a INPS. Publica uns folhetos e está feliz. De terno e gravata nos dias de serviço. Bati papo com ele no Núcleo; parece igual a 1981. Xeroquei vários artigos de jornal sobre ele. Amanhã trarei "um presente". O folheto mais novo, sobre a morte de Tancredo vende bem. Diz que amanhã trará a medalha de Machado de Assis da Academia Brasileira de Letras para eu tirar foto! Sorriu, dizendo que era seu "Prêmio Nobel". Ah Rodolfo!

# A ACADEMIA DE LETRAS DA BAHIA

Fica na Piedade em um velho sobrado com todas as paredes interiores de azulejos! Lindo! Cunha convenceu o governador Antônio Magalhães a dar o prédio à Academia. Era por um tempo diretor executivo e lá matei saudades com velhos conhecidos: Hildegardes Vianna e Hélio Simões.

# ENCONTRO COM VASCONCELOS MAIA EM SALVADOR

Conheci o escritor, intelectual, amigo e contemporâneo de Jorge Amado e o Cuíca dos anos 1940 em Salvador. Acho que foi Vasconcelos quem fez o artigo famoso sobre Cuíca que apareceu no CRUZEIRO em 1946. Mas, foi ele e Hildegardes Vianna que criaram aquele pequeno centro turístico em frente do Elevador Lacerda na Cidade Alta aonde ia muitas noites eu a ver o show da capoeira, isso em 1966, momento feliz de estadas no Brasil.

Em outro dia Vasconcelos me convidou ir ao restaurante do filho em Amarelinha. Era chefe de turismo em Salvador em 1959-1960 e o responsável pelo show de capoeira já falado. Falou do passado e do presente – a Companhia Baiana de Navegação com as barcas daqueles anos, já é ido; só ficam uns barcos de turismo a Itaparica. Falamos das cenas que conheci nos livros de Jorge, a maior parte, desaparecidas – a rampa dos saveiros ao lado do Mercado Modelo. Ele ainda faz jornalismo e tem coluna regular no jornal. Comemos caruru, xinxim de galinha, vatapá e peixe. (Paguei com o estômago durante 3 dias pelas delicadezas baianas.) Mas, foi obrigação. Ótima pessoa. Nos demos bem.

# A SAÍDA DA BAHIA

## "Air Pass" ao Recife

Foi uma visita rapidíssima – passei a noite no velho Hotel 4 de Outubro, já falado. Logo, no outro dia, houve a caminhada ao Mercado São José e à Livraria Cordel: tudo entre ruas sujas, chuva, e muita pobreza. Como alguém mais escreveu – o velho Centro já virou "bazar do Meio-Oriente". Minha conclusão: o Brasil é uma bomba esperando a estourar.

Assim, desanimado, mas, também vendo francamente a falta de possibilidades, com a boca ainda amarga com a falta de apoio de publicação na UFEPE, subi o avião para novas aventuras.

# "AIR PASS" A SÃO PAULO

Aparte: é nesta época que descobri a obra de Luís Fernando Veríssimo, dica de Mário Barros (gaúcho) e grande amigo em Salvador. Seria imprescindível às aulas futuras na ASU realmente até a aposentadoria em 2002. Foi uma "luz" de otimismo e alegria na Literatura Brasileira.

Pois, de passagem no Rio, peguei táxi ao Santos Dumont, "frescão" ao Galeão e a "ponte aérea" a São Paulo. Tudo fica tão fácil com o "Air Pass", só chegar ao aeroporto e sempre há vaga ou cadeira no voo querido. Tirei fotos espetaculares da zona sul do Rio saindo para SP, e, o voo me levou ao aeroporto de Congonhas na cidade.

Importante! Depois de vinte anos de estadas no Brasil, foi a primeira vez em São Paulo. O momento foi de assombrar, a cidade gigantesca, a poluição do ar, o hotelzinho modesto no centro, e sem nenhum contato pessoal ou de amigo! O Hotel foi o Planalto, hotel da Varig, e assim com desconto do pessoal com "Air Pass" (todas estas coisas boas já foram embora.)

Feito pela companhia de Oscar Niemeyer em 1955 é um dos edifícios mais altos no Brasil

Representa a primeira construção na cidade de São Paulo feita pelos Jesuítas Manuel de Nobrega e o novicio Padre José de Anchieta com a finalidade de catequisar os indígenas do planalto.

Para quebrar o galho, fiz o "city tour" em companhia de três pilotos de 747 dos EUA, de "Tiger Freight", interessante. Assim, conheci ligeiramente a Liberdade, a Catedral, a Praça da República, o Edifício Copan (o curvado de Niemeyer), o Pátio do Colégio dos Jesuítas, dos Padres Nóbrega e Anchieta (fundadores da missão e da cidade), o Estádio Pacaembu, Pinheiros, a Cidade Universitária, o Instituto Butantã (das cobras), Jardim América, a residência de Roberto Carlos, Jardim Europa, e a "Mackenzie University." E passamos pelo Parque do Ibirapuera e o Monumento. Mas, tudo foi um muito rápido e uma memória nebulosa hoje em dia.

No outro dia. Turismo sozinho em São Paulo. Boas compras na Livraria Brasiliense. Refeições gigantescas com porções também assim – o bife para o almoço daria para três pessoas, mas, era o mais gostoso no Brasil nesta viagem. Veio acompanhado de salada mista, arroz e batata frita.

A Volta de W.C. Fields o comediante dos Estados Unidos. Em uma rua cheia de gente no centro, assisti à versão brasileira do velho "shell game", três copinhos cobrindo a ervilha e as apostas dos otários. Vi várias pessoas perder dinheiro.

Logo, vi o Teatro Municipal, o Edifício Itália (38 andares) e o Edifício Copan. Aparte: escuto explosões frequentes. O ambiente da cidade é mais como Nova Iorque do que o Brasil. Conheci a Praça da República onde o poeta Maxado antes vendia o cordel, é espécie de "feira hippy" de São Paulo. Arvores grandes velhas e frondosas, poços d'agua. Peguei um verdadeiro engarrafamento, estilo paulistano, às 6 da tarde. Que mais se pode esperar de São Paulo? E peguei o cenário de um roubo de banco minutos depois do acontecido.

Pois, chega. Amanhã, usarei o "Air Pass" para a terra gaúcha, a primeira vez em Rio Grande do Sul.

# "AIR PASS" A PORTO ALEGRE

A cidade é cercada pelo Rio Guaíba, e há grandes cargueiros de alto mar atracados à beira do rio. O centro me parecia vazia. Fiquei hospedado no velho Hotel Royal, supostamente sendo o dono "a fera" de futebol, Falcão. Caminhei à Praça da Sé, praça linda, calma, muitas famílias, mulheres fazendo crochê, crianças. Bati papo durante uma hora com uma das famílias. Nenhum sinal de vagabundos, todos muito calmos e contentes, muitos tomando mate da cuia. Depois fui à missa na catedral ao lado da praça.

'A noite. Fui ao conhecido Parque da Harmonia a um "galpão crioulo", uma churrascaria. Os garçons de bombacha e com grandes facões para servir e cortar a carne. O melhor foi a música, um conjunto de música gaúcha – acordeão, guitarra, tambor, e a música linda, uma espécie de milonga - e bailarinos todos com vestimenta típica gaúcha. Os homens com bombacha, botas altas com "esporas", bailando com moças de vestidos parecidos aos mexicanos. Muito desse "bater" de pés, me fez pensar muito do México.

Engraçado – todos os garçons pareciam mais altos, grandes e em geral de mais "saúde" do que no Rio ou o Norte. Há de ser a etnia alemã e italiana, pensei eu. As moças lindíssimas, com uma aparência mais latina, talvez espanhola. E não com a "olhada" da Garota de Ipanema.

# "AIR PASS" E A VOLTA AO RIO

Outro dia: ao Centro, a uma livraria boa. Depois o "Air Pass" e um voo de uma hora e meia ao Rio. Fiquei hospedado no Hotel Novo Mundo, em frente do parque do Catete, e do famoso palácio nacional, naqueles tempos, de fama de Getúlio e o suicídio.

Aparte: Assisti mais futebol esta vez na televisão. Estão no processo de escolher a "seleção" nacional para a Copa Mundial de 1986 no México. Acabam de despedir o técnico e estão trazendo de volta Telé Saldanha da Copa de 82 quando a seleção perdeu a Itália nos finais. A volta de Zico, Sócrates e Falcão da Itália cria entusiasmo. Zico deve centenas de milhares de dólares em impostos ao governo Italiano.

Aparte: Esta foi a viagem que no fim, para matar tempo, vi o "Terminator" de Arnold Swartznegger com ambiente quase de pesadelo. Revendo tudo, acho que foi um fim de viagem talvez apropriado aos eventos de maio de 1985. Tudo agora vai melhorar e o leitor pode também ficar um pouco aliviado. Mas, antes do novo houve mais um pequeno evento para marcar esta estada no Brasil.

Tinha o estado psíquico nada bom, e estava pronto para sair do Rio e voltar à casa. Aí foi uma luta até o ultimo momento: a corrida ao Galeão com um grande engarrafamento na ponte para chegar ao Galeão na Ilha do Governador. Nervos. Mas, no fim, tudo saiu bem. Houve o voo via Miami e logo a Fênix, Keah e Katie no aeroporto. Como já falei, talvez fosse a viagem mais difícil de todas ao Brasil. Haveria tempos bem melhores a virem!

# O BRASIL, NOVEMBRO DE 1985. O PREMIO ORIGENES LESSA. VIAGEM COM KEAH E GRANDE ALEGRIA

# INTRODUÇÃO

Lá vai uma advertência ao leitor: esta parte de "Aconteceu" é, maiormente o turismo e a diversão. Como dizem os Espanhóis, "En Buena Hora"! Chega da pesquisa e da luta de publicar! Recebi a notícia no outono de 1985 que tinha recebido o Prêmio Orígenes Lessa-Lençóis Paulista- Não Sei o Quê no concurso patrocinado pela Casa de Rui Barbosa pelo estudo "Grande Sertão: Veredas e a Literatura de Cordel". Foi o próprio Orígenes que me encorajou entrar na concorrência em maio de 1985. Soube que houve 40 concorrentes, nacionais e internacionais, daí me senti bastante orgulhoso e feliz do feito. Este foi o estudo que escrevi na chácara alugada em "Grand Mesa" em Colorado em 1972! Lembro que escrevia em quanto ainda tinha como quatro pés de neve fora da chácara, e, nos tempos livres, desci a ladeira coberta de neve para pescar truta na lagoa. Pois, queriam que viesse pessoalmente para receber o prêmio. Não me lembro bem, mas, foi uma honra e a CRB pagou uma parte das despesas e a ASU o resto. O melhor foi que Keah me acompanhasse, a primeira viagem dela ao Brasil desde a "lua de mel" em 1970.

# A VIAGEM

Galeria de Fotos de Rio de Janeiro

As reservas de avião foram mal feitas e houve uma encrenca e daí uma demora em pegar o voo de Miami, mas, tudo bem. Lembro que ainda em novembro havia música de Natal no aeroporto, e, ficamos como sardinhas nas poltronas da Varig. Mas, chegamos bem ao Rio, pegamos o "frescão" ao Santos Dumont, e táxi ao Hotel Novo Mundo, com quarto bom e boa vista da Bahia de Guanabara e o Pão de Açúcar.

Viajando com o já famoso "Air Pass," fomos logo ao escritório da Varig em Copacabana para fazer todas as reservas para a viagem dentro do Brasil; devido ao momento, decidimos realmente aproveitar e ver lugares novos e velhos, para matar saudades e fazer uma segunda "lua de mel". Saiu tudo muito bem.

De passagem, depois houve uma caminhada na praia de Copacabana e Keah pôde ver as "piranhas", bumbum e seios por fora, e calça apertada e em cor brilhante! Infelizmente, haveria eleições nacionais no dia seguinte e os bares estavam proibidos de vender álcool, daí, tivemos que adiar os drinques da chegada.

Logo, fizemos uma visita de cortesia à casa dos Lessa, e Orígenes e Maria Eduarda nos trataram bem com ambiente de muita alegria.

Na volta, em uma corrida louca de taxi, o motorista nos assustou com estórias de roubos, assaltos, etc. Falou que um passaporte roubado vale $500! Daí, trocamos os dólares no balcão do Hotel, evitando problemas de rua, isso no Mercado "paralelo" em vigência.

# 15 DE NOVEMBRO. A SÃO PAULO
# E LOGO LENÇÓIS PAULISTA

Pegamos táxi ao Santos Dumont, "frescão" ao Galeão e o voo, sempre na Varig, a Guarulhos em São Paulo. O voo andou quase vazio, me permitindo tirar slides ótimos das praias da Zona Sul.

Ao chegarmos ao Aeroporto de São Paulo pegamos carona à cidade, confiando na amizade de um rapaz bom, companheiro de voo, Seu Antônio do Ministério da Fazenda, em "holiday" em São Paulo e Santos. Falou de sua paixão, fazer filmes, e está fazendo um novo sobre "a psicologia da mulher". Ele não conheceu São Paulo, daí houve ruas erradas, ele francamente perdido, mas, ao fim chegamos ao Centro, ao bairro de Santa Efigênia com nosso hotel pago pelo prêmio. Tinha sido combinado ir a Lençóis Paulista, o lugar para receber o prêmio, com Zélia Cardoso (ganhara 2o. lugar e também ia a Lençóis). O marido leciona Literatura Inglesa e Americana em um colégio; ela faz línguas clássicas na USP e teoria literária. De passagem, falou que teve pouco tempo a dedicar-se ao concurso, daí escrevendo como "reflexão posterior" e rápida. A irmã dela, Lilian, ia ser nosso cicerone e motorista a Lençóis. Daí começou uma verdadeira odisseia à moda brasileira. Aventura, nada calmo.

Saímos via a Autovia Castelo Branco na autoestrada principal saindo de São Paulo para o oeste e interior do Estado com 4-6 pistas cada lado. O terreno era bastante verde, ondulado, com fazendas de gado. Passamos por Sorocaba vendo os "termite mounds" do cupim, e muito gado zebu. Lilian dirigia seu "Fordzinho" à velocidade máxima, e ela mesma meio "distraída". Foram 4 horas à Lençóis. Na beira da Estrada havia árvores de café, bambu, e grandes plantações de eucalipto, mas, ao chegarmos mais perto de Lençóis entramos em grandes terrenos de cana de açúcar, o produto principal da região. Vale a pena notar, eu era veterano de fazendas de cana, mas, todas no velho Nordeste. Não conhecia a tremenda cultivação de cana no Sul que é realmente maior do que no Nordeste. Ia conhecer, e muito.

## Lençóis Paulista e os Passeios

A cidade mesma é cidade natal de Orígenes Lessa ou pelo menos onde cresceu, filho de missionários protestantes. É próspera pela cana. O prefeito se chama Ideval Paccola, e foi o irmão dele que nos levou de passeio ao velho engenho da família. Há uma população significante italiana na região, imigrantes do fim do século anterior.

E conhecemos a anfitriã, Marly Montoro, viúva de Franco Montoro, sobrinho do governador do Estado de São Paulo. O marido morreu em desastre de motoca. Ela trabalha 3-4 dias por semana na Biblioteca (que será depois a Biblioteca Orígenes Lessa), e mais 2 no negócio grande da família, comprando sucata (scrap metal) que logo mandam às usinas (com seus fornos) a fazer aço, negócio muito próspero!

A hospedagem foi bem modesta (devido ao tamanho pequeno da cidade), a "Pousada dos Arcos", rústica, mas cómoda, e a varanda com a brisa fresca excelente para tomar choppe! Marly levou-nos aquela noite a uma pizzaria famosa do lugar (Italiana naturalmente) onde experimentei coisa nova – pizza de "milho verde", de "atum" e de "palmito". Interessante. E choppe gelada! O papo foi bom aquela noite depois no pátio da Pousada – Marly, Keah, Zélia e

Lilian. Marly é oriunda de São Paulo (cidade) e está se acostumando à vida na cidade pequena. A Biblioteca não é de cidade pequena, devido aos esforços do Orígenes Lessa – todos os livros são de seu próprio acervo mais os de Austregésilo de Athayde, Presidente da Academia Brasileira de Letras, e do acervo da própria Academia. Não foi pouca coisa.

## Visita ao Engenho Paccola

16 de novembro. Plantam a cana, cresce e dá safra por cinco anos. A colheita é do abril ao novembro. É o velho engenho, mas, ainda mecanizado, pelo menos em comparação aos engenhos da família Lins do Rego que conheci na Paraíba em 1966. Caminhões trazem a cana, já queimada no campo, isso para fazer mais fácil o corte por mão (o céu está cinzento em toda a região pela fumaça dos campos queimados). Daí uma forquilha coloca-a em uma correia transportadora para o engenho a ser moída. Os produtos deste engenho são: cana, caldo de cana, álcool, melaço, vinhaça, e açúcar. Daí a cana é lavada, "triturada e esmagada" por várias moendas. O líquido, o caldo, sai em um canal, o bagaço em outra, o último depois vai ser secado e usado como combustível a mover as moendas. E uma parte é devolvida ao campo para ser fertilizante (esta parte é o que se chama a vinhaça). Vimos o processo de fermentação em "vates" grandes, fervendo o caldo para separar as impuridades, e depois sai clara e aí resultando na "cana", a cachaça, o produto final.

De passagem – o Paccola nos levou a um depósito bem velho, a porta com fechadura enferrujada, difícil abrir com a chave. Mas, aí dentro, era como um velho depósito de vinho fino, mas neste caso com cachaça velha "da prima". Fim da estória – insistiu em dar-nos umas dez grandes garrafas (acho que deu para levar três ou quatro de volta aos EUA) Uma foi da "branquinha", velhíssima e depois acabando em caipirinhas em casa no Arizona, e outras, cor de licor, mais fina.

A Cerimônia – o Prêmio na Biblioteca de Lençóis – Orígenes Lessa

Veja bem, é um prêmio de cidade pequena. Um pouco engraçado foi tudo. Dona Vera, a Presidenta da Biblioteca, mostra-nos o acervo, e Marly nos mostra os "livros raros", inclusive um documento original de Lampião (uma fotocópia de documento de nascimento). O Prefeito Ideval Paccola está presente (e um pouco aborrecido com tudo). Há uma cerimônia pequena até com discursos e protocolo, e depois umas palavras de agradecimento pelo Norte Americano, louvando Orígenes Lessa (amizade desde 1966), Sebastião Nunes Batista (desde 1966-67), Marly e Lençóis.

Depois houve um discurso engraçado pelo prefeito – ele um tipo de "povoado", nervoso, mas, seguindo um protocolo evidentemente já usado. Depois, a Marly veio com um discurso da dedicação da Biblioteca ao Orígenes. Fotos por um fotógrafo local. Foi rápido e bonito.

Visita à Usina Barra Grande

Esta já é um fenômeno do Brasil dos anos 1980. Há 6.000 trabalhadores de eito e 1.200 na usina mesma. É o epítome da moderna usina de açúcar industrializada. Há 1.000 cargas de cana de caminhões por dia, 16.000 sacos de açúcar produzidos cada dia, mais o álcool e outros produtos. Os caminhões, para o Brasil, são gigantescos, chamados de "Romeo e Julieta" (caminhão e vagão). Todos nós pusemos os capacetes amarelos de construção (obrigatórios) e tivemos o "grande tour".

Vimos o descarregar dos caminhões; antes cada carga é descaroçada para fazer teste da cana (vimos uma demonstração disso). O caroço do teste daí é levado ao laboratório onde fazem testes para ver a acidez, o conteúdo de açúcar, e assim, se põe o preço por aquela carga específica. O laboratório sim estava altamente ar-condicionado (havia um calor medonho lá fora e no resto da usina). Seu Maurício fez o tour. Ao lado da usina, havia montes tremendos de bagaço, que é o combustível que move a usina inteira sob potência de vapor. O bagaço excesso é vendido a outras usinas na área. Esta usina é dono de mais 48 outras usinas da região, menores, e muitas fazendas de cana. Mas, também há fornecedores que vendem sua cana à usina. Maurício falou que uns tentam enganar no preço vendendo cana de baixa qualidade, por meio do caroço de teste.

A moenda maior estava "em obras", mas, subi o cadafalso mesmo assim, para ter ideia da operação – há seis moendas diferentes. Depois vimos uma moenda menor (senhoras e senhoritas não podem subir o cadafalso – é que os trabalhadores, todos eles homens, podem ver tudo em cima assim pegando uma "vista boa" debaixo das saias delas). O calor era incrível, o cheiro "pra enjoar". Depois fomos a uma parte ainda mais quente, gigantesca, com os tanques onde o caldo é aquecido e cozido. O resulto é uma espécie de "melaço" que é depois secado, embranquecido e feito cristal. O caldo não escolhido para açúcar se vira melaço; e é o álcool que é derivado deste. O resto é a vinhaça que é secada e estendida nos campos como fertilizante (Mário Barros me contou que antes a colocaram nos rios e poluiu os rios e matou os peixes.). Daí, todos nós agora quentes demais, desistimos do resto do tour, o Maurício visivelmente desapontado. Esperei eu um presentinho de açúcar, mas, nada foi oferecido. Saímos miseráveis, quentes, sujos, com sede, até enjoados, mas, a experiência foi uma coisa única. (Dá-me uma ideia, em escala bem maior, do que fizera o pai do amigo Richard Arms, chefe de engenhos e usinas em Cuba antes de Castro, e logo em Colômbia e Paraguai.)

O prêmio por sofrer o calor: depois de tomar banho, fomos a uma churrascaria (na Estrada entrando em Lençóis, parecia no meio do nada): salada de tomates, ervilhas, maionese, etc. estilo rodízio: frango, linguiça, picanha, tudo servido com uma batata frita da primeira (vem congelada de Piracicaba). O garçom pessoal da Keah quer ser "garçom internacional" e está aprendendo inglês por "cassete". Outro Maurício, cuja paixão é a cana de açúcar, deu carona ao hotel; é o namorado da Marly e o administrador financeiro de um engenho. Falava um português lindo, nítido e ótimo, algo que sempre aprecio no Brasil.

## A Viagem de Volta – um Deus Nos Acuda!

Foi um teste de nossa paciência. Incrível. Dona Lilian é doida. Quis ir a uma cidade conhecida na vizinhança, a Barra Bonita, para ver o artesanato, mas, nunca, nunca soube o caminho em que devíamos viajar, e recusou pedir direções. Vimos placas que indicavam o caminho certo e ela as ignorou. A viagem de volta foi por terras e terras de fazendas de cana, terra ondulada, solo fertilíssimo. Keah e eu andamos frustrados e "doidos" para tudo acabar. Seguimos o Rio Tietê, vimos barcos de excursão (graças a Deus chegamos uma meia hora atrasados ou teríamos de pegar). Mas, vimos outra usina gigantesca, fileiras de caminhões com cana esperando entrar. Ignorando nossas sugestões (e também da irmã Lúcia) Liliana saiu de caminho errado e estava de volta a Lençóis! Procurando atalho. E, ao final, quando finalmente chegamos à Estrada certa, queria dobrar em direção errada, voltando na direção oposta à correta! Aí protestamos todos – eu, Keah, Zélia. Cedeu aos rogos, dobrou à direita e correu a velocidade máxima até São Paulo, o carro literalmente "vibrando" devido à velocidade. Era de assustar mesmo. Chegando a São Paulo, tomou uma virada incorreta, passou pela rodoviária, o metrô e finalmente ao Hotel do Planalto. Aí nos despedimos, esperando o bem para todos. Que alívio!

O hotel estava totalmente uma confusão – no momento de voltarmos chegaram dois grandes ônibus de turismo de Buenos Aires. Fez-me pensar do hotelzinho em Medellín em 1975 que foi sobrecarregado com índios pequenos- turistas de Bolívia, isso quando estivemos na Colômbia de sabático em 1975.

No outro dia assistimos à missa na Santa Efigênia (com guardas armados no portão na igreja). Logo fomos à Praça da República com a feira hippie. Havia folhetos da Benedita de Baurú e do Maxado que está agora em Feira de Santana; outra pessoa está encarregada de sua loja em São Paulo. Benedita começou na poesia concreta, e, está fazendo cordel agora, mas, está envolvida no Centro Zumbi – da Cultura Afro-Black. Compramos peças de cerâmica de um vovô de o Porto, Portugal. (Me perguntou, "o senhor é português"?)

Na volta ao hotel, houve um assalto de banco, em progresso! Tinha umas pessoas com a calça no chão, e muitos policiais em Fuscas. Andamos perto, dentro de 15 metros. Acontece que é uma coisa comum na cidade; os ladrões com as mãos na parede, e a calça no chão, sendo revistados. Até uma polícia (mulher) presente.

Tentando sair do hotel, o rapaz que devia fechar as contas estava no balcão falando pelo telefone à noiva em vez de assistir aos fregueses do hotel. Houve ônibus executivo a Guarulhos, 40 minutos, nada bonito a ver, muita poluição, e o Rio Tietê incrivelmente poluído ao lado da estrada.

Tentamos fazer um "check in" das dez garrafas grandes de cachaça ganhas em Lençóis, e tudo bem. Guardamos todas elas em um depósito no Galeão antes de voar para a Bahia. Pontos altos do voo para a Bahia foram o Campari, um copo grande de puro escocês (o suficiente para fazer dois ou três drinques normais)

Aparte: No Jornal de SP: houve uma reportagem que o ex-presidente Jânio Quadros foi de compras e comprou pasta dental e Cepacol; o jornal deu o preço. Daí ele gritou "Fujam seus cachorros! Deixem-me fazer as compras em paz." Estão falando por aí de uma possível aliança de Quadros com o PTB e o Brizola.

# KEAH E MARK NA BAHIA

Os amigos Mário e Laís Barros nos receberam no aeroporto da Bahia, também acompanhados pelo pai de Mário, João, a mãe e Carla a filha. Eduardo não; está fazendo hipismo. Logo fomos a sua casa em Itapuã e houve um bom papo, atualizando-nos, dando presentes a eles. Houve uma caminhada na praia de Itapuã, e depois nos levaram ao Hotel da Bahia (da Varig) onde estaríamos hospedados. Jantamos aí com os Barros, ao lado da piscina, tudo realmente ótimo e agradável.

Novidades dos Barros. Mário vai representar o Ford do Brasil, na parte de equipamento de agricultura. Há um passeio possível para a Flórida onde alugarão um "motor home." A companha onde é empregado há tempo Mário, a Formac, vai melhor. Laís estuda inglês, as crianças estão na Escola Americana, e Mário é um membro do "Board". Falam de uma mudança possível ao Sul, a Florianópolis onde A Formac tem filial. Também tem escolas melhores do que as na Bahia. A Formac sofreu "assaltos" 3 vezes recentemente, Mário pensa que talvez seja o vigia trabalhando com os vizinhos. Laís está aprendendo usar um revólver (proteção em casa).

18 de novembro. É de notar o café da manhã no Hotel da Bahia; as garçonetes com roupa típica baiana; ovos, bacon, pães, sucos vários. E um excelente café com leite. Lembre que é a primeira vez na Bahia para Keah desde 1970. Pegamos táxi à cidade baixa e o Mercado Modelo. Grande engarrafamento. Normal.

Surpreendemos Rodolfo Coelho Cavalcante o poeta com uma visita a sua barraca fora do Mercado Modelo; tinha muitos folhetos da Editorial Luzeiro, pouca coisa do Nordeste. Feliz a ver-me; reportou que foi convidado ir a Paris e à Sorbonne por uns "cantadores franceses". Via-se bem, terno, gravata, mas um pouco mal cuidado. Vai lançar um folheto novo hoje às 3 da tarde na FCEB sobre Pedro Calmon (o "Cadillaque" de 1973 no Rio, e autor de interesse para mim com "O Brasil na Poesia do Povo"). Tudo será planejado por Cunha.

Fizemos compras no mercado, bonecos para a filhinha Katie, camisetas, etc. Aparte: um camelô tentando vender os bonecos e mostrar que eram bem feitos bateu as cabeças dos mesmos no chão e botou o isqueiro para mostrar que não puderam ser queimados!

É política estilo baiano! Tudo acontecia quando fomos ao restaurante de Camaféu de Oxossi em cima do Mercado Modelo, tomamos um drinque, e lá fora na rua, havia uma grande manifestação para Mário Kertesz do MDB. É agora o novo prefeito, por uma vitória esmagadora. Havia um caminhão estilo trio elétrico com música rock, muita gente dançando na rua, fogos, e atmosfera de carnaval. Kertesz pagou promessa pela eleição caminhando de Conceição da Praia até a Igreja de Jesus do Bonfim! Em fim, foi uma cena só na Bahia.

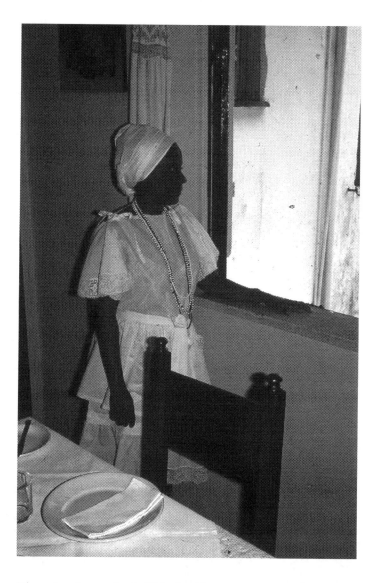

Logo pegamos o Elevador Lacerda à Cidade Alta para ver a vista maravilhosa da Bahia, logo um táxi ao hotel, e almoço no Solar da Unhão na "Casa da Gamba", um restaurante de 5 estrelas; com vista da Bahia, e garçonetes de vestimenta baiana. A nossa tinha 50 anos, mas, parecia estar com 30. Havia batida de coco, de limão, casquinha de siri e almoço de camarão (camarão à Gamboa, e camarão à Grega o primeiro um pouco como o "shrimp creole" da Keah). Brahmas geladas a beber. O dono logo insistiu que tentássemos a comida baiana da casa. Protestei, ela ganhou, uma oferta da casa --- vatapá, caruru, xinxim de galinha e camarão, tudo em azeite de dendê. O resultado um pouco depois – Keah e Mark com problemas de estômago, o preço pago além dos 9$ US cada qual.

Na tarde, fomos à Fundação Cultural do Estado da Bahia para o lançamento e festa de Rodolfo. O historiador José Calasans deu um discurso longo sobre Pedro Calmon; Thales de Azevedo e outros dignitários estiveram presentes. E houve cantadores e RCC recitando o folheto. Da. Olívia Barradas deu um discurso, muito dramático tudo. Daí, RCC em forma máxima "na sua", ficou como mestre de cerimônias de seu próprio "show". Houve motes dos cantadores. Tudo durou mais de duas horas.

Daí voltamos ao Hotel, muito cansados. Aproveitamos um belo posto de sol e escrevi estas notas. Tentamos ir ao escritório da Varig no hotel para arranjar um voo à Iguaçú, mas, não deu.

A casa dos Cunha de táxi. E demos os presentes trazidos; pareciam apreciar tudo. Carol está uma beleza, Bruno jogando futebol. Edilene parecia muito cansada; está ainda estudando e preparando tese para o mestrado na UFBA em dezembro, a tese talvez vá ser publicada por Vozes no Rio. É a "secretária" para Olívia Barradas ainda na FCEB (Olívia tem um ano e meio mais; está de "licença sabático" da UFRJ.) Carlos Cunha está de volta ao Núcleo de Cordel. E também é diretor executivo na Academia Baiana de Letras, tentando estabelecer reputação para o futuro, sem salário ai.

Outro dia. Café de manhã no Hotel da Bahia, iogurte de coco; à Praia da Barra e Igreja de Santo Antônio, ao Forte de Santo Antônio com vista da Bahia, comprando artesanato (os azulejos das baianas na cozinha em Mesa). Aparte: vimos um "outdoors" mostrando uma moça linda de calcinha dizendo "maiô velho estraga verão".

Resumo da Bahia: havia muito mais cargueiros grandes na baia, e a vista bonita desde o quarto de hotel. O hotel tinha uma piscina bonita e fica perto do velho forte. O quarto: o melhor, até a data, no Brasil, calmo, sem barulho, com ar condicionado sem barulho, TV excelente, fone bom, o chão e as paredes de mármore, mesas, frigobar, até com telefone no banheiro. Toalhas grandes trocadas duas vezes ao dia. O lobby do Hotel tem loja de Sterns, quadros bonitos modernos, grandes quadros de vida na Bahia, e um serviço excelente no restaurante. A conta -888000 cruzeiros, US $44, com refeições e roupa lavada.

## Ao Dia com o Cordel: Notas do Papo com Carlos Cunha, novembro de 1985

Carlos diz que o cordel já está sem interesse ou apoio cultural na Bahia, nem pelo povo nem as outras classes. Os livros do Núcleo desaparecem; menos de 10 pesquisadores apareceram no último ano aí. RCC tem a banca em frente do Mercado Modelo, mas, não há interesse do público. Cunha diz que ele mesmo está com menos interesse; agora vendo o momento politico no Brasil – a morte súbita do herói da democracia, "O Novo Tiradentes" Tancredo Neves e os momentos ansiosos com o Vice, José Sarney. Tudo isso é outra história, relacionada a trajetória da política brasileira desde o regime militar à euforia da nova democracia.

Diz que a Comemoração de Jorge Amado em 1981 foi o cúmulo de festivais culturais na Bahia; meu livro o único que saíra. Nada igual desde a feita. Diz que Alfredo Machado (editor de Jorge em SP) gostaria de publicar meu livro lá; há de corresponder com ele desde Tempe. Fala que eu era pioneiro dos estudos de cordel, desde o princípio; Edilene diz que o livro de 73 da CRB ainda é o melhor feito no ramo. Eu, "no lugar certo no tempo certo", na companhia de Manuel Cavalcanti Proença, Théo Brandão, Suassuna, Raquel de Queirós, e outros. Carlos e Edilene ficaram extremamente surpresos que ganhasse eu o prêmio Orígenes Lessa; não souberam.

Cunha fala sobre um jornalista local Marconi quem já viu o meu manuscrito sobre Cuíca de Santo Amaro (Cunha o mostrou; repreendi-lhe, mas, que fazer!). Diz que Marconi ficou assombrado ao ver como um estrangeiro pudesse fazer tal estudo, captar o espírito de Cuíca. A tese dele parece ser desmascarar a imagem "Robin Hood" de Cuíca (defensor do povo) e mostrá-lo como cafajeste, "Cuíca o cafajeste" um título possível. Tem documentos de Cuíca no xadrez, etc. e de ser "mau caráter". Mas, diz que haverá pouca duplificação do estudo meu; são abordagens diferentes.

Edilene está com uma biografia do Cuíca, livro pequeno; eu apareço na bibliografia. Diz que não tira nada do valor do meu livro, mas, ajuda para ela tirar o doutorado. O livro é pago pela UFEBA; a FCEB não teve recursos. Aparte: Cuíca escolheu o nome "cuíca" por tentar tocar violão que soasse como "cuíca". Fim da busca do nome, segundo CC.

## Conclusões da Bahia

A cidade e as ruas tinham mais gente, totalmente "lotada" de gente; há muito crescimento pela orla; há uma autoestrada pelo interior da cidade já com prédios novos, casas, shoppings. Os dias dos 60 já eram. Estava eu impressionado sempre pelas multidões de gente, sempre e em todas as partes da cidade. Mas, ainda aprecio a Bahia, depois de todos esses anos. Mas, o cordel, também JÁ ERA.

# O VOO PARA MANAUS

Com o "Air Pass" pegamos o voo internacional da D C - 10 novíssima da Varig (o voo que continua para Caracas, México e EUA). Serviço fino internacional, tempo de voo de 3 horas e meia para Manaus. (Foi o mesmo voo de Jack Pizzey na filmagem de "Amazon".)

O Hotel Tropical

Fomos hospedados no famoso Hotel Tropical, nas aforas da cidade de Manaus. Depois do "check-in", passeamos pelos jardins do Hotel, vendo o pequeno zoológico com araras lindas, várias onças (incluindo o "jaguar"), macacos, etc.

Daí fomos à piscina redonda com "catarata" muito linda, música ao vivo (mas calma, como a velha bossa) debaixo dos arcos, desde os quais se pode ver o grande Rio Negro. A música veio de um trio – a melhor música ainda nesta viagem – violão e percussão. Tomamos drinques ao lado da piscina, nadamos, e sentados no terraço vimos o pôr-do-sol, olhando ao rio, e a floresta. Os drinques foram a Malt 90, a Brahma ou a batida de coco, um jantar leve de sanduíche de filet e ao quarto (lembre que foi segunda lua de mel).

Descrevendo a parte interna do hotel. Teto muito alto com átrio central, este com palmeiras, poço para patos, "White Egrets". Os corredores são largos e elegantes, tudo estilo colonial, o chão sempre de madeira, as portas todas gravadas de madeira, as lâmpadas de ferro lavrado, como ornamentação de madeira "drift wood" do rio, pintada e poluída.

A habitação – teto alto, armário grande de madeira tropical, chão de madeira, TV a cores, frigobar. A vista para fora – muitos pássaros, e uma vista distante do Rio Negro. Na primeira noite, havia uma chuva pesada tropical toda a noite, rádio, telefone no banheiro, azulejos pintados de vinhas tropicais.

Aquela tarde – uma caminhada pela praia longa do Rio Negro, o nome é Ponta Negra, caminhando por jardins espessos e molhados de chuva, o pequeno cais e o barco do hotel.

## Segundo Dia em Manaus, 21 de novembro
## O Cais Flutuante e o Mercado

O café da manhã no Hotel Tropical. Suco de laranja fresco gelado, fatias de abacaxi, banana, ovos mexidos, toucinho, bolo, café com leite. Sentados ao lado do átrio, garçons a beça esperando servir-nos. O maitre-d de smoking negro, fino.

Pegamos o ônibus do hotel para a cidade, questão de 20-30 minutos, passando por bases militares à beira do rio. A cidade de Manaus, no centro, estava muito movimentada, mais arranha-céus do que em 1967, mas, o cenário muito parecido perto do cais. Via-se o velho Hotel Amazonas, envelhecido pelo clima (a chuva e a mofa). Perto do cais era área de comércio pequeno, muita gente pobre, vendendo miudezas, roupa, relógios de plástico. Achei sim uma barraca de cordel com dois folhetos locais, uns poucos da Lira Nordestina de Juazeiro do Norte, e o resto da Editorial Luzeiro.

A entrada principal ao cais flutuante está fechada ao público, só os que têm a ver com os barcos grandes, os cargueiros ou cruzeiros de alto mar entram aí (não foi assim em 1967 quando andei por todas as partes).

Ao Mercado Central (de ferro, parecido à construção do Elevador Santa Justa em Lisboa), feito no século XIX. Ficamos em pé, na muralha de fora que dá para o Rio, vendo "a banda passar" – o cais principal de barcos e passageiros do interior, da região, barcos que sobem e descem o Rio Negro, Solimões, o Amazonas, e todos os riozinhos da região amazônica. Vimos o carregar e descarregar dos mesmos – peixe, caixas de guaraná, cerveja, tudo levado nas cabeças dos porteiros. Tubos de PCV, sacos de farinha. Tudo transportado rio acima e abaixo. Uns negociantes com pasta debaixo do braço, mas, maiormente, povão.

Sente-se o cheiro de peixe frito à beira do cais, toda variante com nome índio. Muita sujeira, muito mau cheiro, é que o rio está no ponto mais baixo do ano, talvez 20 pés debaixo do marco de água alta na muralha. Olhando ao longo do porto vê-se uma fileira grande de barracas em cima de pernas de pau. (Em 1967 estive na época de água alta e tudo isso estava boiando.) E em baixo, um monte de lixo.

Vimos homens descarregando cocos, um por um, atirados no ar ao próximo homem. Montes de banana verde. Um vaivém incrível. (Dizem-me que ainda existe o "barco de leite" que peguei em 1967 e que vai pelos rios pequenos e riachos a pegar latas de leite, peixe, e passageiros para Manaus.)

'A direita, boiando, é o cais grande, boiando nos pontões. Grandes barcos de turismo e cargueiros veem-se na distância.

De volta ao Mercado, uma variedade incrível de peixes (nem posso dizer os nomes), mas, também com o cheiro e sujeira esperados. Depois ao mercado de miudezas, camisetas para turistas, artesanato local (que não apreciei muito, isso em comparação ao Nordeste) – arcos, flechas, bonecos feitos de cuias com plumas ou penas. Lembro, acho em Belém, ver chaveiro com cabeça de piranha.

De volta ao Hotel Amazonas, um almoço leve, e depois uma caminhada pelo comércio no Centro até o grande objetivo – O Teatro Amazonas. No comércio havia dúzias de tendas de sapatos (zona livre para importação do mesmo), relógios, aparelhos eletrônicos (ainda não estávamos na época do computador), mas de aparelhos de casa, TV, refrigerador, estufas, etc. E toda espécie de roupa. (Não sei onde está, mas, no aeroporto internacional de Manaus todos chegam com várias malas gigantescas e vazias – para encher com todo esse comércio de zona livre e levar de volta ao resto do Brasil.)

O clima. Não tão extremo como lembrei; se estás na sombra e há uma brisa, está bem, mas se faltar uma ou outra, cuidado! Sua-se não fazendo nada!

# O Teatro Amazonas

O Teatro fica em um morro pequeno, em 1985 a pintura está caindo e a cor menos brilhante, um azul leve (foi cor de rosa quando o vi em 1967). O teatro foi fechado e refeito em 1975. Vimos tudo pela entrada de 20 centavos US. Sua história é impressionante: foi inaugurado em 1896 e fica como o monumento mais importante da riqueza dos "Barões da Borracha", mais um "ciclo" econômico na história econômica do Brasil (i.e. a cana de açúcar, o cacau, o ouro e pedras preciosas, o café, a borracha e a agricultura mecanizada de exportação de hoje em dia). Em parte, foi um esforço a igualar o Teatro de Belém com sua companhia de ópera. Há a plateia e três andares de camarote (ver a foto), e a decoração das colunas no teatro mesmo é de notar: máscaras dedicadas aos grandes do mundo do teatro, a ópera e música clássica: Moliére, Rossini, Mozart e Verdi entre outros. E não devemos esquecer o panegírico a Carlos Gomes, o mais conhecido dos criadores de ópera no Brasil. O pano de boca do palco é o tema do encontro das águas do Rio Negro e Solimões (ver a foto).

A visitante nota primeiro, antes de entrar, a tremenda cúpula: é de 36.000 peças de escamas em cerâmica esmaltada e telhas vitrificadas vindas de Alsácia, em cores da bandeira brasileira: azul, verde e amarelo.

Mas, o que vale mais é o "folclore" do lugar (conceitos recolhidos não sei de onde e acabando na mente do autor): que as grandes "estrelas" da ópera europeia vieram para se apresentar em uma noite só! Que os donos de borracha mandaram a roupa suja para Europa a ser lavada! Que até Caruso chegasse para cantar! Acho que nenhum destes conceitos é verdade.

O que sim vi por meio de filmes documentais através dos anos foi que a mão de obra que construiu o grande teatro foi à base dos pobres indígenas da região. De fato a população se dizimou através dos anos, por isso, no fim do século XIX os grandes donos trouxeram mão de obra do Nordeste para os seringais, odisseia muito bem detalhada na literatura de cordel.

Vi o Teatro primeiro em 1967 (contado em "Peripécias de um Pesquisador 'Gringo' no Brasil nos Anos 1960), e agora com Keah. Não ficou menos impressionante a segunda vez! Lembro-me, porém, que a primeira vez quando cheguei "estava em obras" e tive que dar um "presente" ao porteiro para entrar. Imagine uma viagem de milhares de milhas e chegar: "Está em obras. Entrada proibida". É como o amigo de Guatemala que viajara de sua casa para o Grande Canhão no Arizona e não viu nada – dia de inversão e névoa cobrindo o canhão inteiro! Ou algo assim.

Descrevendo mais o cenário: como disse, há 3 níveis de camarotes, o palco com uma grande cortina pintada atrás (a cortina veio da Europa) – a cena é o encontro das águas, a junta do Solimões e o Rio Negro formando o Rio Amazonas, isto nas aforas de Manaus. A cortina toda é de um veludo vermelho, a mesma cor das cadeiras cobertas e os camarotes, estes com suas próprias cortinas para a privacidade (é de pensar o que aconteceu detrás das cortinas nesses 100 anos de existência do Teatro). As cadeiras eram empalhadas, segundo as necessidades do clima. Sempre me perguntei: como agüentaram o tremendo calor os homens grã-finos de smoking e suas mulheres de vestidos de baile?

O Salão Nobre – foi inaugurado em 1896 – é um salão de bailes especiais, o chão de madeira "parquet", de jacarandá e outras madeiras; tem espelhos de cristal, tudo Italiano, com um pórtico de mármore. Nas janelas do Salão Nobre há pinturas de "O Guarani", e cenas amazonenses. Nas colunas do interior do teatro há bustos de figurões brasileiros e portugueses da época (inclusive da literatura e da música clássica, já mencionada). As tapeçarias são da Europa.

Antes e depois da visita ao Teatro, comemos o melhor sorvete de coco que conheço no Brasil. Não posso imaginar um sorvete melhor, sorvete espesso cheio de coco. Geladíssimo.

Depois de caminhar ao centro de novo, pegamos o ônibus do hotel para a volta ao Hotel Tropical. Fomos imediatamente à piscina, nadamos e tomamos caipirinhas, ao quarto de novo - segunda lua de mel não é? De volta ao terraço da piscina para ver o pôr do sol e logo comemos um jantar fabuloso de churrasco – maminha de alcatre, toda espécie de saladas, sobremesa de doce de coco, frutas e cafezinho.

## Passeio aos Rios Negro, Solimões e Amazonas

Vamos juntar tudo em uma "galeria de fotos".

21 de Novembro. Acordamos as 6 e 15 com uma chuva pesada. Café de manhã excelente e caminhando ao pequeno cais do hotel. Chuva pesada, usando toalhas do hotel como guarda-chuvas. O cais estava com um defeito, daí fomos levados de canoa ao "Gaiolo" do Hotel. O barco foi um desses de passageiros locais que se veem no porto de Manaus, bem bonito, recém - pintado, de dois níveis, estilo amazonense. Motor diesel. Ficamos na proa, em frente do piloto, isso porque se sentia uma brisa fresca da água. O dia era de nuvens e com chuva até chegar ao outro lado do Rio Negro (uma hora de viagem com pouco tráfego nesta parte do rio). Disseram que o Rio Negro varia de 3 a 22 quilômetros de ancho, profundidade de 90 metros, e com poucos peixes devido a acidez da água (que vem de folhas caídas no rio durante uma distância larga, que também dão ao rio sua cor de "coca cola"). O Rio Negro começa longe de Manaus ao norte.

Aí foi hora da "caminhada na floresta", de uma hora. Desembarcamos do barco, caminhávamos pela praia do Rio, tendo que subir uns 20-30 pés do nível de água do rio ate a vereda da floresta (época de água baixa; em abril a água estará ao nível da vereda). Caminhamos, pois, sempre com o rio à vista do lado direito. Estava chuviscando, mas, com a chuva pesada da noite e madrugada tudo estava totalmente molhado. Usamos bolsas de plástico como guarda-chuvas, caminhando na vereda entre uma floresta densa com vinhas, árvores muito altos, mas, pouca informação do guia do hotel. Mas, o sentimento foi sim de "estar no meio da floresta amazonense".

Chegamos aí a uma lagoa, no meio de uma floresta prístina amazonense, tão densa que não foi possível caminhar por ela. Daí nos deram um passeio de 30 minutos de piroga pelos igarapés e a lagoa, lagartos de água e as famosas borboletas de um azul brilhante, as "Morphos" (Engraçado foi um casal jovem da Flórida, os dois em vestimenta total de "safari" e ele com uma grande rede para pegar as borboletas. Caiu uma vez no meio das plantas e o coitado não pegou borboleta nenhuma.) Se quiserem, os hóspedes podem passar a noite na cabana do lugar e pescar jacaré de noite.

A cabana era bonita, de teto de palha, redonda, grande e relativamente cómoda, com barzinho. Está no meio da lagoa falada; os hóspedes podem nadar no lago, mas, ninguém aceitou a oferta. Havia muitos pássaros, sons de pássaro, mas o mais impressionante foi a mata densa e a calma de falta total de barulho humano no lugar. Ótima experiência.

Depois da caminhada pela floresta, voltamos à praia do Rio Negro, a outra cabana, onde serviram "almoço típico" da região – batida de maracujá, caldeirada de peixe, batata inglesa, cebola, arroz (o peixe foi "Tucuruí" ou algo assim, sei lá!), salada de fruta e um cafezinho excelente. A vista do rio era linda, uma brisa boa embora húmida. Perfeito.

## A Volta a Manaus

Devia ser viagem de uma hora (fizemos a viagem tomando café, Antártica gelada com pratos de noz de caju!). Passamos pelo "encontro das águas", e à beira do rio havia muitas fábricas, uma refinaria de petróleo, e uma fábrica de juta. No meio do rio havia postos de gasolina flutuantes. Vimos grandes cargueiros de petróleo de alto mar e agora havia muito tráfego no Rio (do Rio Solimões e tributários). Lembro que quase não havia tráfego algum em cima de Manaus no Rio Negro. Havia um grande barco estilo "ferry" que atravessa o Rio desde o porto de Manaus ao começo da estrada a Humaitá, esta cidade de uma distância de 600 quilômetros do Rio, com o pavimento original já destruído pelas chuvas constantes em Amazonas.

No ponto do encontro do Solimões e o Rio Negro (o Encontro das Águas), e depois quando os dois formam o verdadeiro Rio Amazonas, há profundidade de 270 pés, largura de 55 quilômetros. Aqui, sim há uma riqueza de peixe e daí, toda sorte de barcos de pesca. Não lembro bem, mas acho que vimos os famosos botos ["delfins"] cor de rosa.

Depois do Encontro, nos levaram à beira oposta do rio a um vilarejo aonde vimos árvores de cacau (ou melhor, plantas), e a seringa (árvores e plantação de borracha). Cinco por cento dos pneus feitos no Brasil são de borracha natural, segundo o guia.

Na volta, vimos a água lamacenta, muita pobreza visível à beira do rio, e muito tráfego no rio. De volta ao porto de Manaus (e logo o cais do hotel) muitas casas em estacas ou paus, muitos cais, muitos barcos em processo de reformação. A viagem era de uma hora e muito prazenteira.

No final da tarde – nadar, caipirinha, jantar pela piscina e lua de mel.

23 de Novembro. A Manhã Final no Hotel Tropical.

Caminhando pelos jardins, fotos (dos quartos de luxo no segundo andar com balcão e rede), fotos das araras, a piscina, outra caipirinha com música bossa. Tristes os dois a sairmos do hotel, ônibus do Hotel ao aeroporto, um pouco inconveniente passar pela alfândega (lembro que Manaus é Porto Livre, daí, como se fosse entrar de novo no país). Bate papo com as moças de Sterns, paquerando.

# A VOLTA AO RIO DE JANEIRO

O Voo. A Varig D C - 10 nova ao Rio via Brasília. O avião foi lotado até Brasília, voo de 2 horas e meia, o mesmo serviço internacional. Drinques e duas refeições! Temperatura de 26 graus C. em Brasília, ar fresco e limpo depois da chuva. Podiam-se ver os prédios da Aza Norte na distância, mas, não a parte do governo.

Uma hora e meia ao Rio, ônibus à Praia de Copacabana ao Hotel de três estrelas no Excelsior Copa, mas, os dois ficamos deprimidos depois do Hotel Tropical. O ar condicionado não funcionava, tudo era barulhento, havia tráfego por fora, vista mínima da praia, e o hotel cheiro de Argentinos. Nós exaustos!

## 24 de novembro, o Rio de Janeiro.

Café da manhã com a falta de eletricidade e velas nas escadas interiores (do quarto até o restaurante). Tudo foi um choque depois do belo Hotel Tropical e seu café da manhã.

Pegamos táxi na autoestrada pelo Túnel Rebouças até São Cristóvão (2.50 US com motorista ótimo). A Feira era grande como nunca, música forró, redes, caldo de cana, milho cozido, cachaça, batidas variadas, carne no espeto. O barulho das tendas de forró era de ensurdecer. Também havia barracas de toda espécie de comida, roupas, carne, e cangrejos azuis vivos.

Vi todos os folheteiros – Elias de Carvalho, uns cantadores, Expedito F. Silva, Gonçalo de Ferreira, e Apolônio Alves dos Santos. Havia muitas duplicatas de folhetos da estada em maio, mas vários sobre eventos recentes.

Da feira pegamos táxi a "casa" em Copacabana, missa em uma igreja só três quarteirões do hotel – Nossa Senhora de Copacabana, igreja moderna, progressista, com um padre muito comunicativo, a igreja lotada de gente. Há nove missas diárias.

O almoço foi no "Merage" na praia de Copacabana – caipirinha, choppe, couvert (ovos de codorniz, azeitonas, paté e queijo), e "chateau" com batata portuguesa. Foi demais; ao hotel para uma sesta.

Depois pegamos o ônibus pequeno, chamado de jardineira, a Ipanema, à Praça General Osório e à Feira Hippy. Compramos objetos de vidro colorido; o cheiro de maconha por todas as partes. Havia objetos de couro, quadros, e tirei muitas fotos.

Passeamos na praia de Ipanema, tirei fotos, e pegamos a jardineira a Copacabana onde ficamos a toa na praia de Copa em frente do Copacabana Palace, vendo a banda passar. Futebol na praia, um submarino nas águas, papagaios e toda sorte de gente fazendo "Cooper" na calçada. Gente com os cachorrinhos, babás com bebés. Parecia-me muito de classe média; Ipanema está com uma atmosfera diferente, mais próspero e novo. Sorvete na praia. Ao hotel para fazer os planos dos dias finais.

## Segunda-feira, 25 de novembro.

Bom café da manhã no Excelsior, táxi ao Othon para ver uma das habitações, e reservamos a última noite aí, com desconto de 30 por cento pela Varig. O hotel tem 30 andares, frente à praia, Posto 5. Pegamos um quarto "de luxo" frente à praia e desde o balcão podíamos ver o crescente inteiro, ou seja, a curva da praia.

Logo fomos à Fundação Casa de Rui Barbosa e uma reunião breve com Adriano, Orígenes e Homero Senna. Muito simpático conosco – dei os presentinhos trazidos do Arizona. Bom papo e piadas. Falaram que o estudo do Prêmio Orígenes Lessa sairia pela José Olympio em 1986, mandando-me um exemplar pelo correio aéreo, o resto pelo marítimo. Ra ra. Nunca aconteceu.

Há uma nova edição dos "Estudos" sobre a literatura popular em verso de 1973 pela Itatiaia de Belo Horizonte, meu nome junto com os outros na capa. O exemplar que recebi já anda perdido.

Logo fomos ao centro via Metrô e houve um bom almoço de galeto no Edifício Avenida Central. A Livraria AGIR, a loja da FUNARTE, ao café do Teatro Municipal, ao Convento de Santo Antônio, Metrô a Botafogo e a Copa.

Ao quarto no Othon, a vista do balcão, ao SkyLab Bar para drinques, caminhada longa na praia, etc. Jantar no restaurante "Lucas", rosas para Keah, de volta ao quarto, velas acesas (umbanda) na praia, Cansados. Dia grande amanhã.

# Aniversário da Keah

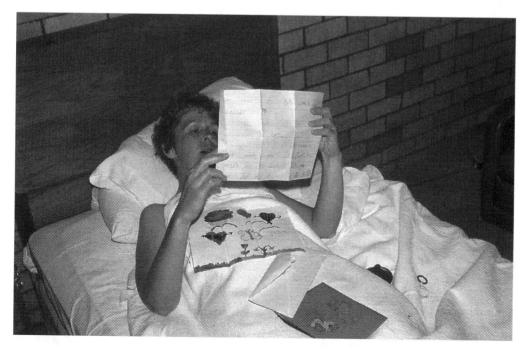

Acordamos às 8. Keah leu os cartões de mim e da Katie comemorando. O café foi servido elegantemente no quarto, com rosas e vista do mar. Fomos à praia de Copacabana aonde "fizemos jacaré" nas ondas, e vimos as mini tangas, o vôlei, gaivotas se mergulhando para os peixinhos, conchas, e passávamos o tempo "olhando ao pessoal na praia.".

Logo fomos a uma agência de turismo, Viagens do Norte, para trocar no mercado paralelo, e depois a tendas para ver sapatos de presente para a filhinha Katie. Vimos nas tendas: tucanos de couro e borboletas, e outas bugigangas para os turistas, e logo pechinchamos com os vendedores na praia – foi um total de 16 camisetas que compramos.

Cansados, caminhamos ao Othon, ao 30º andar, na hora de ver um belo pôr- de- sol em cima de Posto 6 e Ipanema.

Logo, foi hora de tomar banho, caminhar na praia, ao Lucas para o jantar. Super lotado. Caminhamos um pouco na praia, na calçada em frente do hotel; havia velas de umbanda na praia, "ladies of the 'carioca' night", mas, em fim, bonito.

# 27 de novembro, o Último Dia no Rio e no Brasil

Café da manhã no "Tropical Garden" do Othon com vista para a praia e depois ao 3º andar, calmo, 180 grau vista da praia, uma hora para ver a banda passar. Ao quarto, a fazer as malas. Houve o ultimo almoço no Othon, caipirinha e filet; e das 4-8 da tarde ficávamos no terceiro andar com caipirinhas e vista linda da Copa.

Vimos o futebol, vôlei na praia, gaivotas voando e mergulhando, tráfego incrível, trombadas de carros, "tours" chegando, as ondas, o tempo passando, 14 barcas de pesca no mar, o tempo passando rapidamente e nós rindo muito, um fim ótimo da viagem. O tempo passa com caipirinhas!

Táxi Transcopas ao aeroporto. O motorista de Sobral, CE, 26 anos de praça. Rápido, sem problemas.

Muito tempo e muitas compras no aeroporto, gastando os restos dos cruzeiros, um livro lindo do Brasil, camisetas, fita da Elba Ramalho, e outros livros sobre a literatura brasileira. Estamos na Pan Am, que sai na hora. Mas, há tempo para lembrar...

Reflexões Em Quanto Esperávamos o Voo:

Houve boas relações com a Fundação Casa de Ruy Barbosa

O Air Pass da Varig - ótimo. Deu 30 por cento de desconto nos bons hotéis, e outros. Esta viagem foi a primeira vez que eu, ou eu e Keah, fomos de "primeira classe" no Brasil. Nada de remorso.

Gozamos o país, especialmente a cidade pequena de Lençóis e o hotel nas aforas de Manaus. O Rio parecia mais turbulenta que nunca, mais barulhenta (foi um alívio estar no 30º andar do Othon, longe do barulho, pelo menos, por uma noite). Mas, o país ainda me parecia muito "vivo".

Estive impressionado já em 1985 pelo crescimento e riqueza deste país do "terceiro mundo", especialmente quando comparado aos países andinos. É realmente gigantesco com recursos incríveis. Autos, ônibus, transporte, estradas novas (tudo foi asfaltado no interior de São Paulo, igual às dos EUA). "Huge and crowded."

Fomos impressionados pela mistura de raça e classe no Rio, todos juntos na praia, a verdadeira "democracia brasileira." Havia mais pobres nas ruas e praias de Copacabana (acho que o pessoal pobre vem não só da zona norte mas também das favelas que cerquem a zona sul). Os mais abastados já foram a Ipanema, Leblon, São Conrado e a Barra. (Lembre, falo de 1985!) Os prédios da Copa parecem velhos, já sofrendo com o passar do tempo.

As pessoas com que tivemos contato nos trataram muito bem, muitos abertos a nós especialmente com o meu português – Orígenes Lessa, Maria Eduarda, Homero, Adriano, Marly, os Barros, os Cunha.

Um Aparte: Orígenes diz que o Presidente Sarney irá a Lençois no 26 de novembro a apoiar a Biblioteca Municipal Orígenes Lessa.

A TV é ubíqua em todo o país, as redes principais já mandando, nivelando os interesses e a língua falada no Brasil. Cunha acredita que já acabou com a maior parte de "cultural local". Aparte: Vimos "Grande Sertão: veredas" na TV – Diadorim bem feito, Riobaldo mal feito, mas, com o diálogo extremamente difícil para mim a entender. Mas, os amigos brasileiros também tiveram problemas com a "fala regional", até a Dona Wilma (esposa de Adriano).

O Cordel. Era quase o mesmo como quando estive em maio. Poucos autores, caro a publicar. Mas, a Editora. Luzeiro continua e vende através o país. Continua a editar as histórias tradicionais, i.e. Os romances. Mas, não há um cordel novo significante. (Escrevendo agora em 2009, vi que tudo isso mudaria com o "renascimento" do cordel pelo computador e impressora e a internet.) Escrevi: "Está na hora de fazer o livro definitivo, com paciência e bem feito". Fi-lo; está na Editorial Ateliê desde 2002 e só vai sair em 2010": "Retrato do Brasil em Cordel".

A Política. Há muita euforia para a volta à democracia, mas, também a situação é caótica. O 15 de novembro de 1985 foi o dia de eleições para prefeitos de cidades. A concorrência maior foi em São Paulo onde o PTB e o velho Jânio Quadros ganharam! (Na fofoca política – fala-se de uma coalização de Brizola e Jânio Quadros para o congresso em 1986. E depois haverá a Constituinte (o congresso constitucional, novo depois da ditadura militar. O debate agora é: quem e quais serão os representantes no congresso?)

São as personalidades que ganham na política e não as ideias. Tancredo já é santo no Brasil. A edição de cordel da morte dele pela Editorial Luzeiro está em todas partes do Brasil. Parece haver muita confusão em quanto ao futuro- ouve-se pouco de Sarney, mas se fala do "interim."

O PFL são os dissidentes do PDS que se juntaram ao PMDB para eleger ao Tancredo. O Sarney é PFL, mas, ainda assim basicamente católico e conservador.

O PT – Lula. O PTB - Brizola (e talvez Jânio)

Orestes Quércia do PMDB perdeu ao Jânio na eleição para prefeito de São Paulo.

O PCB é menos de 5 por cento da votação em novembro de 1985. (Nota a mim: tente ficar a par de tudo pela "Veja").

# RESUMO

A viagem inteira foi uma segunda lua de mel, junto com o prêmio, não será repetida. Aliás, a viagem renovou meu entusiasmo para o Brasil e deu umas ideias para o futuro - sobre Ariano Suassuna e o cordel, o universo do cordel utilizando as entrevistas de 1979 (projeto somente concluído neste ano de 2014 quando faço este livro).

O voo da Pan Am aterrissou as 5 da manhã em Miami, Keah com a garganta doendo e sentindo-se muito mal. Fomos pelo "monorail" futurístico até a alfândega, e daí houve uma espera muito longa pelas malas, e daí a continuação da viagem a Marathon no Florida para ver o irmão da Keah, outra história.

Em fim: Esta viagem e evento não serão repetidos na minha (nossa) vida. Há de lembrá-la, gozá-la e olhar para o futuro! Houve um contraste tremendo desta viagem com Keah com a primeira estada minha de 1985 (tenho que dar as desculpas ao leitor pela pesada narração desta tão negativa e como falei, "a pior estada no Brasil de todas elas" mas, mesmo assim, importante na "odisseia brasileira" através os anos). Tudo se explica pelas circunstâncias – o prêmio, o "Air Pass" e mais que tudo, a companhia de Keah. Será sinal do futuro; tudo vai melhor, mesmo com altos de baixos.

Pois, chegamos ao fim de "Aconteceu". Outro volume daqui a uns anos nos trarão ao presente e o fim da odisseia no Brasil pelo Pesquisador Ingénuo Norte Americano. Como disse Cuíca de Santo Amaro antes de soltar outra de suas "bombas" poéticas em Salvador,

AGUARDEM!!!

# SOBRE O AUTOR

Mark Curran é um professor aposentado da "Arizona State University" onde lecionava de 1968 a 2011. Ensinava Espanhol e Português e suas culturas respectivas. Sua especialização de pesquisa foi a poesia popular em verso, ou seja, "a literatura de cordel", e já publicou muitos artigos de pesquisa em revistas especializadas e agora quinze livros sobre o cordel no Brasil, nos Estados Unidos e na Espanha. Outros livros feitos na aposentadoria são de índole autobiográfica e/ou refletem as aulas de civilização luso-brasileira, latino-americana e espanhola ensinadas na ASU. Ficam na série "Estórias que Contei aos Estudantes".

Livros Editados

A Literatura de Cordel. Brasil. 1973

Jorge Amado e a Literatura de Cordel. Brasil. 1981

A Presença de Rodolfo Coelho Cavalcante na Moderna Literatura de Cordel. Brasil. 1987

La Literatura de Cordel – Antología Bilingüe – Español y Portugués. España. 1990

Cuíca de Santo Amaro Poeta-Repórter da Bahia. Brasil. 1991

História do Brasil em Cordel. Brasil. 1998

Cuíca de Santo Amaro – Controvérsia no Cordel. Brasil. 2000

Brazil's Folk-Popular Poetry – "a Literatura de Cordel" – a Bilingual Anthology in English and Portuguese. USA. 2010

The Farm – Growing Up in Abilene, Kansas, in the 1940s and the 1950s. USA. 2010

Retrato do Brasil em Cordel. Brasil. 2011

Coming of Age with the Jesuits. USA. 2012

Peripécias de um Pesquisador "Gringo" no Brasil nos Anos 1960, ou, À Cata de Cordel. USA. 2012

Adventures of a 'Gringo' Researcher in Brazil in the 1960s. USA. 2012

A Trip to Colombia – Highlights of Its Spanish Colonial Heritage. USA. 2013

Travel, Research and Teaching in Guatemala and Mexico – In Quest of the Pre-Columbian Heritage,

Volume I – Guatemala. 2013

Volume II – Mexico.  USA. 2013

A Portrait of Brazil in the Twentieth Century – The Universe of the "Literatura de Cordel." USA. 2013

Fifty Years of Research on Brazil – A Photographic Journey. USA. 2013

Relembrando - A Velha Literatura de Cordel e a Voz dos Poetas. USA. 2014

Aconteceu no Brasil – Crônicas de um Pesquisador Norte Americano no Brasil II, USA. 2015

Professor Curran mora em Mesa, Arizona, e passa parte do ano no Colorado. Está casado com Keah Runshang Curran e o casal tem uma filha Kathleen que mora em Albuquerque, Novo México. Seu filme documentário, "Greening the Revolution" se apresentou mais recentemente no Festival de Filmes de Sonoma na Califórnia. Katie foi nomeada "Best Female Director" no Festival de Filmes de Oaxaca no México.

O endereço eletrônico do autor é:  profmark@asu.edu

O endereço de seu site profissional é: www.currancordelconnection.com